エコ・ロゴス

存在と食について

Saiga Keiko
雑賀恵子

人文書院

目次

1 最初の食欲 3
2 遙か故郷を離れて 31
3 草の上の昼食 55
4 パニス・アンジェリクス 79
5 ふるさとに似た場所 101
6 嘔吐 129
7 舌の戦《おのの》き 145
8 骸骨たちの食卓 165
9 ざわめきの静寂 185
10 星の海に魂の帆をかけて 207
月光陽光、なんて力づよく——あとがきに代えて

1 最初の食欲

万物は言《ことば》によって成った。成ったもので、言によらずに成ったものは何一つなかった。言の内に命があった。命は人間を照らす光であった。光は暗闇のなかで輝いている。暗闇は光を理解しなかった。

ヨハネ1：3-5

およそ一三八億年前の光の爆発ビッグバンから九〇億年後、いまから四六億年前に、太陽系とともに、小さな惑星群が衝突し、合体することによって地球が誕生した。

原始の地球には、次から次へと繰り返し、惑星や隕石が衝突した。繰り返す物質との出会いの中で、炭素、水素、酸素、窒素、硫黄を含む有機物が地球にもたらされた。衝突エネルギーは、大気層に閉じ込められ熱となって地表の岩石を溶かし、地球は、深度一〇〇〇キロにも及んで表面全体がマグマに覆われた、マグマオーシャンと呼ばれる灼熱の溶岩流の塊のようなものだった。生まれたばかりの地球表面の物質は、地球の内部に飲み込まれてしまい、現在残っていない。それから、火星くらいの大きさの原始惑星が地球に大衝突し（ジャイアント・インパクト）、地球とその惑星からはじき飛ばされたマントル物質が固まって、月ができた。月は、地球よりも小さいので、すぐに冷えた。四六億年のときを経て、地球から重力を振り切って飛び立ち、月に降り立った人類によって月の表面から持ち帰られた石は、したがって、その頃の地球の岩石組成を知る手がかりとなる。
マグマオーシャンに覆われた一五〇〇度以上の高温状態の中で、鉄やニッケルといった重い物質は中心部へ沈んでゆき、ケイ素とマグネシウムに富んだマントル層と、その上にケイ素やアルミニウムなどの軽い物質が浮かぶ地殻からなる、コア・マントル構造が次第に形成されていった。厚い雲に遮られて、太陽の光は、地に届かなかった。やがて、微惑星群の運動が緩やかになり、地球との衝突も少なくなると、この惑星の大気も、地も、ゆっくりと冷えていった。マグマの海は固まり、岩石となった。すべては、みずからが放つ熱と光のほかは果てしない暗闇の中で、進行していった。

原始地球の大気は、水蒸気と二酸化炭素を主成分とし、窒素、二酸化硫黄を含んでいたと考えられている。産まれたばかりの地球の大気に含まれていた水素やヘリウムは、太陽が激しく輝いたごく早い時期に、吹き飛ばされてしまっていた。酸素は、未だ存在しない。地球が冷え固まり、大気の温度が下がるにつれ、水蒸気は熱い雨となって、地表に降り注いだ。二酸化炭素も、水に溶けてカルシウムやマグネシウムと反応し、石灰岩になっていった。こうして、すべての生命の始原を育んだ海が生まれた。およそ四〇億年前のことである。

海には、カルシウム、ナトリウム、マグネシウム、カリウムといった無機イオン、アミノ酸、糖、核酸塩基などが漂っていた。これらの物質は、地球にあって海に溶け出したもの、大気から降りてきたもの、他の天体から飛来した有機物などが、海の中で、漂い、巡りあい、衝突し、反応し、組み合わさって、できた。さらに、これらがまた、長い、長い時間を漂い、巡りあい、衝突し、反応し、組み合わさって、より複雑なポリペプチドやポリヌクレオチドなどが生まれ、さらにそれらがまた、巡りあって、タンパク質や核酸となっていった。

生命とはなんだろう。

生命には自己がまずあり、内部（自己）と外部の境界がある。外部から物質を取り込み、エネルギーを蓄積し、変換し、移動させたり、合成したり、という活動をする。自己は、自己を複製する機構をもつ。つまり、物質が構造をもって、代謝という運動を行ない、情報を持つものであるらしい。これを、生命科学の研究者である中村桂子さんは、モノとエネルギーと情報が一体化したシステム、と表現している。太古の海に漂っていた物質たちが、巡りあい、衝突し、反応し、組み合わさり、なにかをしようと試みつつ、果たされることなく潰え、無数の繰り返しを無限に繰り返し、繰り返すうちに、寄り集まった物質の組み合わせの中に、ふっと、生命が生まれた。

地球には、およそ九〇種類以上の元素が存在するが、生体元素、すなわち生命を構成し、生命の活動に必要な元素は、たかだか二〇種類ほどにすぎない。しかも、炭素、水素、窒素、酸素といった原子番号の小さな元素である。複雑な高分子化合物の組み合わせであっても、あらゆる生命は、元素としては、地表にごくありふれた元素から、成り立っている。

最初の生命――原核細胞たちにとって、酸素は親しいものではなかった。原初の大気には、酸素が、ほとんどなかったからである。

生きていく、ということは、行為を遂行する、つまり運動すること、である。モノがコトをする、そのためには、エネルギーが必要である。最初の生命による最初の代謝は、有機生物を直接取り込むというものであった。やがて海の中の栄養が欠乏しだしたので、取り込んだ材料を使って、合成する、ということを生命は、編み出す。身の回りにたくさんあった鉄イオンと硫化水素を用いて二硫化鉄と水素を作る化学無機合成や、有機物を分解して二酸化炭素とアルコールにする（醱酵）という方法で、エネルギーを産生したのである。細胞のエネルギーはＡＴＰ（アデノシン三リン酸）という形で貯蓄される。しかし、こうした有機物の利用（嫌気呼吸）には限界があった。海にあった資源としての有機物が、何億年かの間に使い果たされようとしていたのである。それで、資源の枯渇を乗り越えようと光を利用してエネルギー産生を試みる細胞が出現し（約三〇—三五億年前）、やがて、二酸化炭素と水から、高いエネルギーであるグルコースを作り出す光合成（第二光反応）へと光合成システムを発達させていった。この頃には、すでに長く長く地に降り注ぐ雨の時代の果てに、雲に裂け目ができ、太陽の光が、満ちあふれるようになっていたからである。

光合成を最初期に行なった生命たちだと考えられていたものに、シアノバクテリアと呼ばれる原核細胞がある。かれらは光合成を行なう能力を編み出して、自らのからだを合成することができるようになったし、またやがて、かれらが他の生物に食べられるというかたちで利用されることにもなった。かれらの死骸が集まり土や塵の微粒子と混じり合って化石となったものは、いま、ストロマトライトという鉱物としてみることができる。

光合成には、副産物として酸素が放出される。酸素は初め、鉄イオンと結びつき、酸化鉄となって海底に沈み、鉄鉱石となっていった。そのうちに隕石由来の鉄イオンが不足し、海が抱えきれなくなった酸素は、大気中に放散され、地球の引力に引き止められて蓄積されていき、大気は還元的状態から酸化的状態に変化していった。酸素は、紫外線に作用されてオゾンとなり、何億年をつみかさねるあいだに、オゾン層を形成するようになる。紫外線は、生命たちのコトバ（遺伝情報）であるＤＮＡを攪乱し、破壊するために、生命たちは、紫外線の届かない海の中や、岩石の下で、進化を続けていた。だが、オゾン層はこの紫外線を吸収するので、現在の地球大気と同様の組成になったとき、生命たちは、光を避けて身を隠していた海や岩石から這い出し、光降り注ぐ地表でも生きることが可能となったのである。そして、生命たちは、地球の表面に拡がり、より多様な姿を、より多様な生き方をもつものに、無数の組み合わせの中から、進化していく。

酸素を電子受容体とすれば、酸素のない状態よりも、有機物から大きなエネルギーを得ることができるので、酸素を利用する好気的代謝（酸素呼吸）を始める細胞も生まれた。

しかし、同時に、酸素は細胞を傷つけもする。光合成細菌の放出する酸素が細胞内の化学反応を攪乱したり、遺伝情報を乱したりするという事態が起こってしまったのである。嫌気的代謝（嫌気呼吸）を行なっていた原核細胞は危機的な状況に直面し、死滅してしまったものも数多《あまた》いた。そうした中、酸素の攻撃を回避するために、細胞が寄り集まって合体し、体を大きくすることで対抗しようとするものたちが出現する。生命たちが群れ集ううちに、合体し、共に生きようとし、生きる仕方を変えたものもあった。原始的な細胞のからだの中に、好気的な代謝を行なう生命が棲みつき、共生したそのままに、別の新たな生命として生きはじめるものもいた。光合成を行なう細胞とさらに、合体する細胞もあった。豊富に産出されるエネルギーを利用して、細胞たちは寄り添い、やがて、酸素から身を守る細胞膜を作り、細胞内に情報を収納する核やその他の構造を設置していく。大きくなった細胞の代謝活動を効率よくするため、核や、ゴルジ装置、小胞体、ミトコンドリアといった装置を細胞内にもつ、真核細胞とよばれるものが出現したのである。細胞内で酸素を使って呼吸するミトコンドリアや、植物細胞にある葉緑体は、もともとはそれ自身で独立した原核細胞だったといわれている。細胞内共生説（リン・マーギュリス）というものである。単細胞の原生生物たちは、その姿に留まったものもいたが、寄り集まって、共生して、やがて真核細胞となり、光合成能力を持つ藻類、運動機能を発達させて動物になっていくもの、そして、菌類へと姿を変化させていく。こうした真核細胞たちは、さらに寄り集まり、高いエネルギーを利用して、多細胞生物へと、生きる仕方を変えていくことになる。

生命体がこの世界に生まれた原初から生命体に奥深く根ざしている希《ねが》い、〈わたし〉はこの世界に在りたい、生きたい、この〈わたし〉がこの世界に在ることが叶わないなら、〈わたし〉のかけらを、声を、この世界に響かせたい、残したいという希いが、生命体をして生命体とならしめる徴であったし、その希いが、生命体を衝き動かし、〈わたし〉のかたちを、生き方を、手探りしながら、たえず変えさせてきた、ように思う。

発生生物学者の団まりなさんにしたがうと、多細胞生物たちの生きたい、という希求、死への恐怖が、〈性〉という、新しい生きる仕方、〈わたし〉の残滓をこの世界に響かせる仕方を創り出した。

初めの真核細胞はDNAを1セットもつハプロイド細胞とよばれるもので、DNAを複製してふたつに分かれる有糸分裂によって生殖していった。ところが、外部環境の変化のため代謝がうまくいかないという死の危機（飢餓）に直面して、やみくもにとりあえず他の細胞と合体して生き延びるという方策をとったものが現れた。すなわち、DNAを2セットもつディプロイド細胞の誕生である。つまり、他者と合体（接合）すれば、いずれはもとの自分であるハプロイド細胞の状態に分離する。つまり、一段階減数分裂である。この合体と分離が、有性生殖の接合と減数分裂に発展していくのである。やがて、合体したまま、即ちDNA2本の状態で細胞が生活できるようになると（固定されたディプロイド細胞）、細胞同士が協働する能力が格段に上がり、細胞分化が可能になって多細胞生物に成長していった。ところが、ディプロイド細胞という形をとると、どういうわけか細胞分裂の回数に限界ができてしまった。ハプロイド細胞のままの生物は、有糸分裂という生殖法で延々と生き続けているが、ディプロイド細胞は死を運命づけられたのである。そこで、一旦ディプロイド細胞から不死のハプロイド細胞に戻って分裂能力を取り戻す——すなわち、生殖細胞（ディプロイド）が減数分裂によって、卵子と精子というハプロイド細胞である配偶子になり、この二つが接合して受精卵（ディプロイド）となるという離れ業を編み出すことによって、〈わたし〉として死にゆくものとなった細胞たちは、生命を繋ぎ、生き延びる仕方を身につけた。さらに、減数分裂及び配偶子との接合では、遺伝子の組み替えが高頻度で起こり、少しずつ違った細胞が作られるので、悪条件のもとでも生き延びる可能性のある個体を増やすこともできるようになった。ずれが、個性化への力を産み出し、同種のものでも、多様であることによって、生き延びる可能性を高めるのである。

生命体が、原核細胞、ハプロイド細胞、ディプロイド細胞へと、より複雑な形態に変貌する、その段階を階層と呼ぶけれども、この階層をひとつ下の階層に戻ってまた上に行くというアクロバティックなことをして、生の連続性を保たせようとしたのが有性生殖である。この階層性という観点から（すなわち、個々の生命体の運動に、他者との関係性を織り込みながら）、細胞の分裂、生殖、分化を説明したのが、団まりな生物学の独特さである。

地球に生命体が誕生したときは、原始の海の豊富な栄養をそのまま取り入れていた。けれども、消費するばかりであったから海の栄養は次第に枯渇しだしたので、生命体たちは、飢餓に直面して、摂取した物質を利用しエネルギーを自分で作る能力を身につけた。およそ二〇億年ほどの間、生命体たちは、自らの生命を繋ぐために、外部の物質を取り入れ、また、みずからもエネルギーを産生して、生きていた。かれらは、暗闇の中で手探りしながら、藻掻きながら、ともかくも、なによりも生命を繋ぐことを希っていた。欠乏による飢餓、巨大な隕石衝突による熱球状態化、酸素の増加による破壊、地球の表面全てが凍りついてしまうような低温、そうした恐怖と欠乏の危機が来るたび、かれらは、寄り添い、共に生きようとした。生きているものと、生きていないものとを隔てているのは、なにかしら不思議な煌めきに導かれて、生きようとする、この世界に在りつづけようとする希求のようにも思える。

この世界に、いま・ここに存在するものは、すべて消滅する。いや、物質としては、消滅はしない。無から有が生じないように、在るものは、無には帰さない。ただ、姿かたちを変化させるだけである（古典物理学の範囲においては）。

いま在るものを構成しているものは、やがて、他の在るものと接触し、衝突し、反応し、運動し、構成の絆がほどけ、別の在るものになる。生命は、それが誕生したときから、〈わたし〉というものをもち、〈わたし〉の外部から内部へ、内部から外部へ代謝・排泄という運動で、物質とかかわってきた。その意味では、〈わたし〉はその都度構成を組み直し、変化しているのだけれども、〈わたし〉という枠組みの中で物質は統御され、〈わたし〉という運動をしている。ところが、ある時、〈わたし〉という枠組みが壊れてしまい、境界ははじけとんで、物質は叛乱し、〈わたし〉が〈わたし〉で在るという運動を停止し、それぞれの方向に、砕け散っていく。散乱してしまった物質は、二度と再び、もとには戻らない。生命体は、この惑星に最初に存在し、運動を始めたときから、〈わたし〉が在るということ、つまり〈わたし〉の外部と内部を区別する、〈わたし〉という閉じた境界を守ってきた。そして、〈わたし〉の境界が破れ、〈わたし〉という統制がほどけることを、〈わたし〉が〈わたし〉でなくなることを、恐怖と感じたようだ。
その恐怖が、生きること、を希う力を励ます。
そして、生きること、は、他者とともに在ること、とひとしくなる。生きること、は、共に在ること、の悦ばしさなのだ。

DNAという情報（ことば）は、細胞システム（世界）の中で読みとるものがおり、読みとられてこそ、タンパク質合成という化学反応（意味と行為）として現れる。

世界の中に放たれ、応答するものがいて、それで初めて、ことばは光となり、闇を闢《ひら》いて、他者と〈わたし〉を結び、〈わたし〉と他者を変化させる。世界の中になければ、聴きとり、応答するものがなければ、DNAは、デオキシリボースとリン酸、塩基からなるデオキシリボ核酸という物質にすぎず、静止したまま、なにも動かず、なにも輝かない。そして、聴きとるもの、聴きとられるもののあいだで、ことばは形式を持つが（遺伝子の解釈システムの種による相違）、絶えずずれが生み出され、意味は変容し、新たな形式、新しい意味へと泡立っていく。存在する他者たちのあいだで、ことばが繰り返され、繰り返されるたびに、ずらされ、そのずれが異なる形象、異なる存在の在り方を指し示し、導き、かたちとなって存在させている。

ことばをもつ〈わたし〉（細胞というシステム）が、外部の他者とかかわって運動し（代謝という化学反応）、〈わたし〉が〈わたし〉として持ちきれなくなれば変化し（細胞分裂）、死の危機に瀕するたび、他者と寄り集まり、他者と共になり、共に働き、システムを変化させ、〈わたし〉

も変化する。〈わたし〉と共に在る他者は、しかし、〈わたし〉とは異なるものであり、さまざまな在り方をしており、異なるものが異なる在り方で在るがゆえに、生は紡《つむ》がれ、繫がっていくことができる。死に怯えながらも、ここに在ること、他者とかかわりつつ運動すること、変化すること、生命体がこの世界に在る、ということはそういうことなのだ。

＊

このいま、ここに在る、この〈わたし〉の、不思議。〈わたし〉を構成している物質は、かつてなにものかを構成していた物質であり、偶発的に集積し、〈わたし〉という現象として、統御されている。

わたくしといふ現象は
仮定された有機交流電燈の
ひとつの青い照明です
（あらゆる透明な幽霊の複合体）
風景やみんなといつしよに
せはしくせはしく明滅しながら

いかにもたしかにともりつづける
因果交流電燈の
ひとつの青い照明です
（ひかりはたもち　その電燈は失はれ）…

（宮沢賢治「春と修羅」）

四六億年の時の流れに、たった一回きり、偶然に組み合わさった物質群の灯す、〈わたし〉という現象、その瞬き。無数の物質の記憶と、呼び合い、交差する声の残響とが織りなす、この〈わたし〉という現象は、いま初めてこの世界に存在しており、二度と再び、この世界に現れない。〈わたし〉が死を迎えると、〈わたし〉という統御された物質は〈わたし〉という軛《くびき》を解き放たれ、やがて霧散し、いずれはなにものかをまた構成するかも知れない。しかし、〈わたし〉という現象は永遠に消え去る。

なるほど、わたしたちの社会においては、〈わたし〉は機能的側面を抽出された存在として取り扱われ、代替可能とされるだろう。〈わたし〉の代わりとなるもの、〈わたし〉と同等かそれ以上の役目を果たすものは、いくらでもいるし、〈わたし〉はありふれたものにすぎない。取るに足らない、意味のない存在である。あるいは、意味の示す価値の階梯の中に位置づけられ、測られ、〈わたし〉はそのようなものとして、説明され、評価される。

〈わたし〉は、たとえば、賃金労働者として、正規雇用労働者であるか、非正規雇用労働者であるか、職種はどういったものであるか、職階はなにか、経歴や職歴、経験はいかほどで、熟練度はどのくらいか……そうしたものによって、賃金に換算され、それによって社会的な評価も処遇のされ方も随分と違ってくるだろうし、社会の中でいったいどの程度、有用であるか、という評価も異なっている。そうして、そのことによって〈わたし〉が社会の中で振る舞うことができる自由度もまた、異なってくるだろう。と同時に、〈わたし〉はその査定に見合うだけのものを抽《ひ》きだされ、能力の抽出に耐えうるものとしての振る舞いを要求される。

しかし、〈わたし〉と同様の評価を下されている人間は、つまり同じ層に属するものとして括られる人間は、統計上たくさんいる訳だし、そもそも〈わたし〉のような人間は、いくらでもおり、〈わたし〉の代わりになるので、〈わたし〉は取り替えがきくのである。仮に、この〈わたし〉が、いま位置している場所から、なんらかの理由ですべり抜けてしまったとしても、だれかが、場合によっては、だれでもが、その位置を——必要であるならば——埋めるだろう。あるいはまた、統計数字の中に、投入人員数を構成するひとつとして数えられ、次には損耗人員数を構成するひとつとして数え入れられたり、全体に対する欠損と表現されるなら、部分としての〈わたし〉の代替に、必要とあれば直ちに補充がなされ、〈わたし〉の欠如は、修復された全体に対して意味を持たないし、さしたる変化を引き起こさない。〈わたし〉は、このことを、ときとして手酷く思い知らされる。

〈わたし〉を言語で表現するとするならば、たちまち意味の世界に繫留されてしまう。そもそも——と、いまさら言うまでもないことであるが、どれほどの言葉を吐き出し、紡ぎ、積み重ねていったとしても、選ばれた言葉は〈わたし〉に近づくことなく、遠ざかるばかりで、〈わたし〉そのものを言語で表現することは、けしてできはしないのだ。言葉は、〈わたし〉を切り縮め、〈わたし〉を概念の海へと連れ去ってしまう。とはいえ、一方、人間は言語でしか思考できないので、少なくとも、言語を介在して他者と思考をともにするしか術を持たないので、〈わたし〉は、言語で以て社会から表現される際には、概念化された機能的存在として扱われることを免れないのである。

だが、物質のレヴェルまで降り立てば、わたしというものは、断固とした固有性を持ち、代替不能な一回性の存在である。意味のない存在なのではない。存在に、意味などありはしない。ここに存在する、その事実だけが聳立《しょうりつ》している。

そして、〈わたし〉を成立せしめている物質を要素に還元し、それをすべて記述出来得たとしても、さらに、分解した要素を集積させ得たとしても、それは〈わたし〉にはならない。〈わたし〉とは要素の総和以上のなにものか、であるからである。総体は、総和を超越したものなのだ。

〈わたし〉は、一刻一刻変化している現象である。それぞれの要素が、それぞれ運動しながら、かつ、〈わたし〉という箍《たが》をはめられた存在を、現象として浮かび上がらせ、この世界に確かに在らしめている。かたちは変わるが、ただ一回性の〈わたし〉は〈わたし〉である。

その〈わたし〉は、なにひとつ〈わたし〉の存在に関して、選択はできなかった。いまこの時代、この場所、この物質と情報の組み合わせ、この形象でわたしが在ることは、〈わたし〉の選択の外にある。そしてまた、〈わたし〉が、この先どう運動し、どう変化していくかも、手探りしながらそのつど為す決意があるだけで、既定の事項、既定の進路はない。なにひとつ、わかっていないのだ。存在の不確定さの中でただひとつ確定しているのは、〈わたし〉はいずれ死ぬ、ということ、ただそれだけである。〈わたし〉の棺桶をつくる樹は、すでにどこかに存在しているだろう。

だが、その死が、いつ訪れるのか、またどのようなかたちで死を経験するのかは、わからない。そしてまた、死がどのようなものであるのかということも、その経験も、この世界に現存するものは語ることはできない。死ぬのは他人ばかり（マルセル・デュシャン）なのである。死は追い越し不可能であって、死者が、死はどのようなものであるのか、死者が死ぬときにどのような経験をしたのか、語ることはけしてないのだ。

死というものがどういう状態であるのか、生命体が死んでいるというのはどういう状態であるのか、ということを外形的に観察し、それを語ることは、なるほど可能であるだろう。いや、おそらくそれすらも、〈わたし〉というのが現象であり、どこまでが〈わたし〉であるかということを推し進めて考えていくならば、曖昧さの中に溶け込んでいく。〈わたし〉を構成する細胞は、日々刻々と死んでいっているのであり、髪の毛や爪といったものはすでに死んだ細胞であるし、〈わたし〉から剝がれ落ちていくものもある。全体としての〈わたし〉は、〈わたし〉であるかぎりこうして生きているのだが、その生きている身体の中に細胞たちの死を抱え込んでいるのである。

そしてまた、「生きる」という言葉は、行為を表す動詞であるのに対し、「死ぬ」という言葉は動詞ではあるが、しかし実のところ行為を表さない。というのも、生きている状態と、死んでいる状態とのあいだには、そこしれぬ深淵があって両者は完全に断絶されているからであり、ふたつの領域を飛び越えるような時間的幅を持った行為はない、からである。つまり、死に向かって〈わたし〉を構成する細胞たちが不可避的にそれぞれ営みを停止していっても、全体としての〈わたし〉は死ぬ瞬間まで生きているのであって、死につつあるという現在進行形は言語の上では成立しても、死につつあるという行為は現実には存在しない。死につつある、と表現されるものは、そのとき生きているからである。「生きている」と「死んでいる」という形容詞で示される、冷たく固まった状態があるだけである。

「わたしは死ぬ」ということも、言語では成立するが、実際に主語である〈わたし〉が在るかぎり、「わたしは死ぬ」ということはありえない。「わたしは死ぬ」と語るとすれば、それは「わたしは死ぬであろう」という未来のことを語っているのである。ましてや、「わたしは死んでいる」と語ることは不可能である。主語としての〈わたし〉が、つまり文章を成立させるための記述主体である〈わたし〉が、文章空間の中に不在であるからだ。

こうして〈わたし〉は、〈わたし〉の死を、自らのみで引き受けねばならないのであるが、〈わたし〉が〈わたし〉の死を経験することはできないということになる。

わたしたちは、言語をもってでしか思考できないので、というより言語が意識世界を構成しているので、取りあえず、このようなことを、たとえばハイデッガーやら、あるいはレヴィナスやらの言説に頼りながら、考えたりする。言語でしか思考できないし、思考が主体を形作るとするなら、言い換えれば、〈わたし〉が生きているということを意識するのは言語で思考しているからであるとするならば、わたしたちは、思考する主体が暗闇に沈んだ眠り、夢見ることのない睡眠状態を経験することにより、模造された死を経験しているのかもしれない。眠りは死の少量服用というわけである。

しかし、そうするまでもなく、そうしなくても、〈わたし〉という境界の内部で、〈わたし〉を構成している物質の記憶は、生きること、すなわち運動しつづけることを目的としており、したがってその中断である死を恐怖しているのである。〈わたし〉の意識がたとえ死をどのように考えるにせよ、ときとして死を望むにせよ、身体は、意識の支配の及ばないところで、〈わたし〉の死に抵抗しようとし、〈わたし〉が〈わたし〉で在ることを保とうと機能しているのである。〈わたし〉は、その不可知の死を、〈わたし〉ひとりで請け負わなくてはならない。誰とも、死を分かち合うことはできず、誰とも、共に死ぬことはできない。たとえ、誰かと同じ時に、同じ場所で死ぬとしても、〈わたし〉の死は、〈わたし〉が固有であるのと等しく、〈わたし〉だけのものであるだろう。〈わたし〉が固有であるということは、なんと孤独であることだろうか。

しかし、この孤独は、真空の宇宙を漂っているような、単独の、絶対の孤独ではない。〈わたし〉は、単独で存在することは不可能であり、すでに無数に交差する連関の中に置かれている。社会的存在としては、いまのわたしたちは、生きることとは社会の中で生きることとほぼひとしい場所に存在している。わたしたちは、数えきれないくらいの種類と数のモノに取り囲まれており、それらの存在なくしては生存すらもができないのであるが、それらのものは自分以外の他者の手によって生産されたり、制作されたり、運営されたりしているのであり、わたしたちの生存そのものが他者があって初めて保障されていることはいうまでもない。

また、〈わたし〉がこの世界に存在するためには、たとえその社会的関係が認知されていなくても、または現存していなくても、ひと組の男女が両親として、すなわち卵子提供者と精子提供者としてかかわっているのであり、そのひと組の男女にはそれぞれまた、ひと組の両親がかかわっている。そうして、それらを辿っていけば、いまはもう、この世界には存在してはいないが、無数の人間が、そうしてさらにはるかに辿っていけば、始原からの無数の生命体が、〈わたし〉に収斂していることに気づき、目の眩むような驚きをもつだろう。

その他者たちは、それぞれが〈わたし〉とおなじく、絶対の固有性を有しているのであり、そのすがたやかたち、生きる仕方、そして存在の形式は、それぞれ異なっている。他者というのは、多様性に満ちてこの世界に存在しているのであり、その多様な在りようは、始原から生命たちが、なんとかしてこの世界にとどまりつづけよう、生きようとして、すがたを、生きる仕方を変化させてきた結果としてあるのである。それぞれは、自分が生きている環境に相応しいかたちをもち、生きる仕方をもっている。と、同時に、同じ種族に属するものでも、確とした一個の存在は、それ自体の固有性をもっている。有性生殖という、存在の声の響かせ方を手に入れたものたちは、同じ種族の中でのずれを大きく作っていくことで、生き延びる可能性を高めてきたのである。多様であること、その在りようがたとえどれだけぎこちなく、ぶざまなものに映ったとしても、それは言語で表現されるどのような価値意識をもすり抜けて、他者とともに生きている〈わたし〉が生きるには、必要なことなのだ。

*

絶対的に固有な存在が、多様なかたちや在り方をもった他者たちと、世界の中で関係性を持ちながら生きている。それが、生きる、ということである。生命の根源的なところに降り立つと、わたしたちは、この関係性から逃れることはできない。

たとえば、食べるということ。

わたしたちは、食べるという行為を通じて、すでに数多の生命体や物質と関係性を持っている。

そう、すでに。わたしたちは、孤独に存在する、と表現することはできるが、他者との関係性を断ち切って存在することは不可能なのである。わたしたちが食べるものは、ほとんどすべて、他者の死体、あるいは死体の一部である。おそらく、食べ物で他の生命体に由来しないものは、水と塩だけであろう。(*-1) 菜食主義であろうとなんであろうと、生命体としてのわたしたちは、他の生命体の死と引き替えにしか生命を維持できない。物質的関係性の中では、他者の死と交換してはじめて生命体はその生命を持続可能にしているのである。この交換は、生を維持するというよりも生の存在そのものの逃れ得ない条件であり、善悪の向こう岸にあるものであり、それが原罪であるかどうかという問いの彼方にある。その関係性からいかなる意味を抽き出してもかまわないが、根源的には、意味の彼方、いや、意味の手前といっていいかもしれない、虚無の中に厳然と在る事実である。

　さらに、〈わたし〉はしかし、〈わたし〉と表現する／されるものが意識の主体であるとしても、物質としての〈わたし〉は、〈わたし〉という境界の内部において、他者とともに構成されている。その他者とは、〈わたし〉の内部にいながら、〈わたし〉ではない、別の生命体も含まれているのである。〈わたし〉の排泄物のうち固形分の半分近くが腸内菌及びその死体であることからわかるように、〈わたし〉の身体には、健康体であっても、細菌や真菌が無数に――重量換算すると驚くべき相当量で――常住している、つまり〈わたし〉とは異物である生命体が、〈わたし〉の内部に存在している。これらの生命体は、〈わたし〉と共生関係にあって、〈わたし〉の内部でさらに生態系を形成しており、この環境バランスが崩れたり、〈わたし〉の体内からこれらの生命体を全て死滅させてしまったとすると、〈わたし〉という身体も深刻なダメージを受けるのである。バランスは、身体のホメオスタシスという面から大切であるが、身体内の生態系バランスといったものも大切で、短絡的に身体にいい常在菌、悪い常在菌と決めつけられることは必ずしもできる訳ではなく、仮に悪い常在菌を全て殺してしまったとすれば、たちまち生態系バランスが崩れて、他の菌が必要を超えて増加してしまい、身体は悪い影響を受けてしまう。

　ともあれ、〈わたし〉の身体は、他者を食べるということを通しても、死を抱え込んでいるのであり、他者と〈わたし〉は死を介在して繋がっているのである。

　生命体としての〈わたし〉の生が、他の生命体の死と引き替えにしか存在できないこと。あるいは、〈わたし〉という統合体として現象してはいるが、つねに、絶えず物質の構成が変化し、しかも他者を抱え込んでいる生態系であって、物質レヴェルではわたしの内部と外部の境界域が実は不分明であること。このことを、もし仮に、殺す‐殺される、という二分法で表現するならば(＊‐2)、文明の領域は、この殺す‐殺されるという関係の直接性を緩和し、隠蔽する方向に作動してきた。わたしたちは、かつて生命体であったものの死体、もしくは死体の一部を口にしているのであるが、それが生きて在る時のことを想像する通路はほとんど遮断されている（想像する必要性があるのかどうかは、問わない）。食べるために生物を育てる、捕獲する、屠《ほふ》る、加工する、包装する、流通させる、販売する、調理する、あるいは生物の生命を管理し、操作し、改良する……ある生き物が食物へと変化し〈わたし〉の体内にはいるまでの、それらの作業は分業されており、たとえいくつかの過程に携わっているとしても、〈わたし〉の生を成り立たせているものの及び行為のすべてに、この〈わたし〉はかかわっているわけでない。

つまり、存在するものは、ただ一回性の固有の生を生きるということでは孤独であるのだが、孤独であるということと単独で存在しているということとは全く異なる。すでに、わたしは、物質的レヴェルでも、社会的レヴェルでも、あらゆる関係性の中に逃れようもなくおかれてしまっている。それが生であり、生とは、個別具体的な物質の運動なのである。

＊

食べるということ。

物質が生命の光を灯したとき、運動の持続こそがそれの志向するものであり、死を恐れたにもかかわらず、生命は、なぜ生命活動の中に他者の死を組み込んだのだろう？　他者の死を自らの生に組み込む、ということは、同時に、自分の死を他者の生の前提とすることでもあるのに。

肉食動物が、獲物を探し、それを狩ることを試み、何回もの失敗を繰り返して、長い長い空腹の苦痛の末にようやく、獲物を引き裂いて肉を口にするとき、かれらの表情はなんと歓びに満ちていることか。子どものために海に漁に出掛け、海の中を飛び回りながら魚を捕らえ、飲み込んだ魚で腹を膨らましたアデリーペンギンをヒョウアザラシが襲う。アザラシはペンギンをすぐさまは殺さず、銜《くわ》えては放り投げ、海面に打ちつけ、また逃がしては、銜え放り投げということを繰り返し、もてあそんでいるような振る舞いをする。ペンギンに焦点を合わせると、それは恐怖と苦しみの、目を背けたくなるような無惨な光景である。しかし、視点を変えて、アザラシの側から見れば、歓びがこみあげ、嬉しさが溢れかえっているようにも映ってくるのだ。歓喜と恐怖が同時にあり、生と死が交換される、瞬間。互いが互いを、おそらく理解することはできないだろうが、生と死が剝き出しになり、泡立ち、交接する一点でともに在る瞬間。死を運命づけられた生命体は、他者を食べるというこの時を繰り返すことにより、この〈わたし〉の死の少量服用をしているのかも知れない。生の中に死があるのではなく、死の中に生が孕まれているのである。

sympathy, compassion

この言葉は、passio すなわち受難を共にすることを根源的には意味している。受難とは、もちろんキリスト教においてのイエスの十字架の贖罪のことである。キリスト教原理では、無原罪の神の子イエスがイザヤ書にある預言どおり、もっともみすぼらしく、虐げられたものと共にあり、かつ裏切られ、見捨てられて、人間の経験するありとあらゆる苦しみを請け負い、すべての人間の罪の購いとして身代わりに死ぬ、ことをいう。そして死を乗り越え、復活したイエスを信じた人間に永遠の命を与えることにより神の愛が示される、というものである。受難（passion）を共にする（sym, com）、ということは、わたしたちとっては不条理に、理由なく、与えられた苦しみに喘《あえ》ぐ人間にイエスが寄り添ったように、憎悪や復讐、あるいは因果による理解といった意味の世界からまず身を引きはがし、ただひたすら、苦しみにあるものと共に在ることかもしれない。

とすれば、これを読みほどき、生命系の領域に劈《ひら》くことを試みよう。すべて、死を運命づけられた生命体は、食べるという行為を通して他者の苦しみ、死と自らの歓び、生を交錯させ、多数がひとつになり、ひとつが多数に分裂しながら、共に在り、共に在ることによって、物質レヴェルで生の連続性を保証しているのではないか。

すなわち、食べることは、物質の compassion なのである。

＊－1　高等植物は、光合成の他に、土中から窒素・リン酸・カリウムその他の無機元素を取り入れて、栄養としている。また、植物は塩類を嫌う。動物の体内では、カリウムはイオンとなって、細胞内外でナトリウム－カリウムポンプと呼ばれる電位差を形成し、細胞はその浸透圧を利用して、細胞と体液の間で栄養素を取り込んだり老廃物を排泄したり、細胞のかたちを保持したりしている。植物を食べる草食動物、とりわけ大型草食動物などは捕食関係の鎖の中ではともすれば、カリウム過剰となることがあり、細胞浮腫などを起こしてしまう。そのため、塩分を他から取り入れなければならない。草食動物が、土を食べたり、岩を舐めたりしているのは、この塩分などのミネラルを摂取しているのである。地の塩が、生命系の食物連鎖を外から繋いでいる。もちろん、植物が摂取する土中の成分は、動植物の死骸がバクテリアによって分解され、ミミズなどの土中生物が団塊状にしたものであり、生命系の中で物質は循環していることはいうまでもない。

＊‐2　繰り返すが、生が他者の死との交換から成立しているということそのものは、そこに倫理の問いかけが入る余地はない「事実」である。殺す‐殺されるという表象をした場合に導き出される、「殺害」という言葉に内包される倫理性の問いについては、ここでは触れない。

2

遙か故郷を離れて

あゝ　おまへはなにをして来たのだと……
吹き来る風が私に云ふ
中原中也「帰郷」

旧約聖書における人類最初の殺害は、周知の通り、創世記第四章のカインとアベルの物語として記述されている。

蛇に誘惑されて、禁じられていた知識の木の実を食べ、善悪を知るようになったアダム（土から作られた人）とエバ（命）は、エデンの園を追放される。おい生えた木々から実をもぎ取って食べていた楽園の生活を奪われ、土を耕し、食べ物を得ることに苦しまなければならなくなるよう、ふたりは、神から命じられる。やがて、ふたりの間に、土を耕す者カイン（得たもの、あるいは鋳造者）と、羊を飼う者アベル（吐息、はかないもの）の兄弟が生まれた。

時を経て、カインは土の実りを主のもとに献げ物として持って来た。アベルは羊の群れの中から肥えた初子を持って来た。主はアベルとその献げ物に目を留められたが、カインとその献げ物には目を留められなかった。カインは激しく怒って顔を伏せた。主はカインに言われた。「どうして怒るのか。どうして顔を伏せるのか。もしお前が正しいのなら、顔を上げられるはずではないか。正しくないなら、罪は戸口で待ち伏せており、お前を求める。お前はそれを支配せねばならない。」

カインが弟アベルに言葉をかけ、二人が野原に着いたとき、カインは弟アベルを襲って殺した。

主はカインに言われた。

「おまえの弟アベルはどこにいるのか。」

カインは答えた。

「知りません。わたしは弟の番人でしょうか。」

主は言われた。

「何ということをしたのか。お前の弟の血が土の中からわたしに向かって叫んでいる。今、お前は呪われる者となった。お前が流した弟の血を、口を開けて飲み込んだ土よりもなお、呪われる。土を耕しても、土はもはやお前のために作物を産み出すことはない。お前は地上をさまよい、さすらう者となる。」

カインは主に言った。

「わたしの罪は重すぎて負いきれません。今日、あなたがわたしをこの土地から追放なさり、わたしが御顔から隠されて、地上をさまよい、さすらう者となってしまえば、わたしに出会う者はだれであれ、わたしを殺すでしょう。」

主はカインに言われた。

「いや、それゆえカインを殺す者は、だれであれ七倍の復讐を受けるであろう。」

主はカインに出会う者がだれも彼を撃つことのないように、カインにしるしを付けられた。

カインは主の前を去り、エデンの東、ノド（さすらい）の地に住んだ。


（創世記4：3－16）

追放されたカインが娶ることになる妻を初めとして、最初の人間アダムとエバの二人の子供以外の人間がどこからきたのか、などということはさておき、なにゆえ、主なる神が、カインの献げ物には目を留めず、アベルの献げ物を喜んだのか、その理由は、創世記には一切記載されていない。したがって、このくだりをめぐって、いくつかの解釈がなされてきた。カインの献げ物が単に収穫物を持ってくるというおざなりなものであったのに対し、アベルは自分にとって一番大切な初子を選び、神に感謝のしるしとして献げたからだ、というものがある。また、神への献げ物とは、罪の赦し、贖いであるから、血を以てなされるべきものであり、アベルはその神の御心を理解していたので、罪の支払うべき報酬として初子の血を流した。ところが、カインは己の力を恃《たの》み、自らの努力によって産み出したものを献げ物として神に誇ったので、神は認めなかった、という考えもある。他にも、旧約聖書では、たびたび神が、長子よりも末子を愛でているような記述があり、これもそのひとつであろうとするものもある。いずれにせよ、創世記の世界では末だ律法＝掟＝禁止を持たない人間にとって、アベル殺害のきっかけとなった神のこの献げ物に対する差別は、理解しがたい。

この不可解なエピソードは、シュメール神話の、大地母神イナンナを巡る農耕神エンキムドゥーと牧畜神ドゥムージーの闘争を引き継ぎ、農耕民と牧畜民の対立が投影されている、という解釈がある（イナンナは、アッカド神話のイシュター＝フェニキアのアシュタルテに相当する。また、ドゥムージーは植物男神という説もある）。

羊の喉を掻き切る屠畜のイメージからか、牧畜民には力による支配と暴力が結びつけられ、定住農耕民は集団内で融和的、穏和であるという図式で語られがちだが、創世記のこの神話では、殺害者は農耕民のカインの方である。もっとも、カインは、荒れ地を流離うものとなるのだから、遊牧民の姿が重ねられるし、文様を身体に施したケニ族にも喩えられる。また、エデンの東ノド（彷徨）に住み、町を建てたとあるカインの末裔たちは、家畜を飼い天幕に住む者、竪琴や笛を奏でる者、青銅や鉄でさまざまな道具を作る者の祖となっていくとあるので、都市を構成していくものの象徴でもある。

いずれにせよ、農耕をおこなうものが、最初の殺害を犯し、未だ知らぬ大地へと旅立ち、人間の世界を創っていくのである。

それは、自然－全能の神によって精妙に創り出された世界の内部にあって、ままならぬ、はかないものとしての運命を従容と受け入れるのではなく、世界と自分との関係を組み直し、他者としての自然―世界に積極的に働きかけ、自らのものとし、可能ならば征服し、支配し、そこからできるだけ多くのものを、安定して抽《ひ》きだし、徹底的に利用する、そうした人間の世界、人間がみずからを主体として、世界の中心に君臨するよう上りつめる、そうした道程への出発であった。その旅立ちに、神に祝福されたはかないものの殺害が起こっている。

農耕と殺害を関連づけている神話は、『日本書紀』『古事記』にもある。『日本書紀』では、このように記載されている。

既にして天照大神《あまてらすおおみかみ》、天上《あめ》に在《ま》しまして曰《のたま》はく、「葦原中国《あしはらのなかつくに》に保食神《うけもちのかみ》有りと聞く。爾《いまし》、月夜見尊《つくよみのみこと》、就《ゆ》きて候《み》よ」とのたまふ。月夜見尊、勅《みことのり》を受けて降《くだ》ります。已《すで》に保食神の許《もと》に到りたまふ。保食神、乃ち首《こうべ》を廻《めぐ》らして国に嚮《むか》ひしかば、口より飯《いい》出づ。又海《うなはら》に嚮ひしかば、鰭《はた》の広《ひろもの》・鰭の狭《さもの》、亦口より出づ。又山に嚮ひしかば、毛の麁《あらもの》・毛の柔《にこもの》、亦口より出づ。夫《そ》の品《くさぐさ》の物悉《ものふつく》に備へて、百机《ももとりのつくえ》に貯《あさ》へて饗《みあえ》たてまつる。是の時に、月夜見尊、忿然《いか》り作色《おもほてり》して曰はく、「穢《けがらわ》しきかな、鄙《いや》しきかな、寧《いずくに》ぞ口より吐《たぐ》れる物を以て、敢へて我に養《あ》ふべけむ」とのたまひて、廼《すなわ》ち剣を抜きて撃ち殺しつ。然《しこう》して後に、復命《かえりこともう》して、具《つぶさ》に其の事を言《もう》したまふ。時に天照大神、怒りますこと甚だしくして曰はく、「汝は是悪しき神なり。相見じ」とのたまひて、乃ち月夜見尊と、一日一夜、隔て離れて住みたまふ。是の後に、天照大神、復天熊人《またあまのくまひと》を遣《つかわ》して往《ゆ》きて看《み》しめたまふ。是の時に、保食神、実《まこと》に已に死《まか》れり。唯し其の神の頂《いただき》に、牛馬化為《な》る有り。顱《ひたい》の上に粟《あわ》生れり。眉の上に蠒《かいこ》生れり。眼の中に稗《ひえ》生れり。腹の中に稲生れり。陰《ほと》に麦及び大小豆生れり。天熊人、悉《ふつく》に取り持ち去《ゆ》きて奉進《たてまつ》る。時に、天照大神喜びて曰はく、「是の物は、顕見《うつ》しき蒼 生《あおひとくさ》の、食《くら》ひて活《い》くべきものなり」とのたまひて、乃ち粟稗麦豆を以ては、陸田種子《はたけつもの》とす。稲を以ては水田種子《たなつもの》とす。又因りて天邑君《あまのむらきみ》を定む。即ち其の稲種《いなだね》を以て、始めて天狭田《あめのさなだ》及び長田《ながた》に殖う。其の秋の垂穎《たりほ》、八握《やつかお》に莫莫然《しな》ひて、甚だ快《こころよ》し。又口の裏に蠒《かいこ》を含みて、便《すなわ》ち糸抽《ひ》くこと得たり。此より始めて養蚕《こがひ》の道有り。保食神、此をば宇気母知能《うけもちの》加微《かみ》と云ふ。

（巻第一　神代上第五段）

天照大神の命を受けて、月夜見尊《つくよみのみこと》が葦原中国《あしはらのなかつくに》の保食神《うけもちのかみ》のもとを訪れる。保食神は、顔を国に向けて飯を、海に向けて大小の魚を、山に向けてさまざまな獣を口から吐き出し、それらで食事を作って月夜見に供える。だが、月夜見は、口から吐き出したものを食べさせようとするとは穢らわしいと保食神を殺してしまう。高天原に帰り復命した月夜見に対し、天照大神は激怒し彼を遠ざけた後、天熊人《あまのくまひと》（クマは神に奉る米のことであり、これに奉仕する人であろう）を地上に派遣すると、確かに保食神は死んでいたが、死体の頭には牛馬、額には粟、眉の上には蚕、目のなかに稗、腹のなかに稲、陰部に麦、大豆、小豆が生えていた。そこで、天熊人はこれらを取って天に持ち帰った。天照大神はこれを喜び、人間が生きていくための食物だとして、粟・稗・麦・豆を畑の作物、稲を水田の作物と定め、また、蚕を口に入れて糸を引き出し、養蚕の道を開いた。岩波文庫版の校註によると、保食神の死体の部位と、そこからおい生えてくるものとの間には、朝鮮語によってはじめて解ける対応があるという。つまり、頭と馬、額と粟、眼と稗……の組み合わせは発音が互いに酷似しており、『日本書紀』の編者の中に、朝鮮語の判る人がいて、人体の場所と生るものとを結びつけたという研究（金沢庄三郎、田蒙秀）があるらしい。

『古事記』では、高天原から放逐された須佐男命《すさのをのみこと》が、鼻口尻から食べ物を出して饗する大気都比売／大宜津比売神（おほけつひめ）を殺害することになっている。やはり、殺害された女神の死体の、頭には蚕、両目には稲種、両耳には粟、鼻に小豆、陰部に麦、尻に大豆が生える。高天原の天津神である神産巣日御祖命《かみむすひみおやのみこと》がこれらを取って農作物の種とする（上つ巻）。

又食物《おしもの》を大気都比売神《おほけつひめ》に乞《こ》ひたまひき。爾に大気都比売、鼻口及尻《はなくちまたしり》より種々《くさぐさ》の味物《ためつもの》を取り出《いだ》して、種々作り具《そな》へて進《たてまつ》る時、速須佐之男命《すさのをのみこと》、其の態《しわざ》を立ち伺《うかが》ひて、穢汚《けが》して奉進《たてまつ》ると爲《おも》いて、乃ち其の大宜津比売神《おほけつひめ》を殺したまひき。故《かれ》、殺さえし神の身に生れる物は、頭《かしら》に蚕生《な》り、二つの目に稲種生り、二つの耳に粟生り、鼻に小豆生り、陰に麦生り、尻に大豆生りき。故《かれ》、是《ここ》に神産巣日《かみむすひ》の御祖命《みおや》、茲《こ》れを取らしめて種と成《な》したまひき。

『日本書紀』とは、殺害された女神の死体の部位から生える物は異なっているし（したがって、朝鮮語に置き換えると類似した発音になるという対応関係はない）、蚕と植物、それも稲・粟・麦・小豆と大豆だけであって、牛馬は登場しない。因みに、オホケツヒメの「ケ」とは、食物の意味であって、食物を司る女神である。また、速須佐之男命を始祖とする出雲系の神話では神産巣日御祖命が祖神とされ、御祖は母親の意味である。天照大御神を始祖とする天孫系神話に対して、高御産巣日神《たかひむすひのかみ》を最高司令神としている。

前述の『日本書紀』岩波文庫版補註にしたがうと、オホケツヒメは、古事記の国生みの段では、阿波の国の別名であり、阿波という国名は作物の粟から来ているので、粟の女神ということになる。それでおそらく、作物の死体化生神話は、粟などの焼畑耕作を背景にしていたものであろうということである。さらに、神話的人物が殺されて、その死体の各部分から、種々の栽培植物が生じるという話は、本来は穀物栽培以前の古い農耕文化のうち、球根植物の起源を説明するものであったろうという。「親芋を切断して土中に埋め、そこから、新しい食物が生じるという話らしい。東南アジアから大洋洲・中南米・アフリカなどにこの種の神話が分布している。しかし、日本の場合は、球根食物ではなく、穀物神ばかりに変っている。それは、中心的な農作物が、すでに穀物に変ったため、作物の名が、それに伴って変えられたのであろう」。

いずれにせよ、大地が植物を産み出し、育むものであるということから、出産をする女性のイメージと結合され、大地母神神話が各地に生成されており、保食神＝オホケツヒメもこの範疇にはいるのであろう。その女性の身体から吐き出されおいはえるもの、ひとの手には負えないもの、言語では抑えきれないもの、不気味なもの、しかし、必要である豊かな実りを、それそのもののみを我がものとし、制御するためには、この不気味な神を殺害し、その身体から秘密を引きずり出すということを成し遂げなければならなかった。

農耕にまつわる、殺害の記憶。

はじめるにあたって、わたしたちはなにを、殺してしまったのだろう?

＊

考古学における年代測定には、炭素14年代法を用いる方法がある。生命体を構成する普遍的な原子である炭素のなかの放射性炭素14が、生命体の死と共に規則的に減少して非放射性同位元素の窒素14に変化することを利用して測定する方法であるが、技術的な問題がいくつかあり、また大気などの外部環境の変化により、相当の測定誤差が生じる。この誤差は、樹齢の長い木の年輪による年輪年代測定法によって、補正されたりする。近年では、グリーンランドの氷床（年層）の分析や、植物考古学などの知見のめざましい発展の成果から、地球環境や気象の変化がかなり微細な範囲まで推定できるようになり、気象、気候が、地球年齢に比せば、従来の想像以上に非常な短期間で変動することが判明した。その結果、人類史の解釈も急速に変わっているようである。環境の変化が人間たちに大きな影響を及ぼし、その生きる仕方を変化させてきた、という視点からの人類史の見直しである。農業の起源も、約一万一千年前に肥沃三日月地帯で始まった農耕が各地に伝播していったという農耕起源一元説から、各地で環境の変化に伴って、その地に相応しい農耕が始まったという多元説に傾いている。

約四〇〇万年前に直立歩行をとったと想像されている猿人類は、脳容量が拡大し、一五〇万年を経ていまから二五〇万年前、ホモ属が出現したようだ。かれらは、打製石器や剝片石器の使用を始めたらしい。約一七〇万年前には、製作意図を持って作られた握槌《ハンドアックス》が出現している。当時の人類が腐肉を食するスカベンジャーにしろ、狩猟者にしろ、この石器の使用によって、動物の皮を剝ぎ、肉片を取り出すのが容易になり、動物性タンパク質という高いエネルギー源が効率よく確保されるようになる。火の使用も、その時期や、洞穴などで燃えている火を受動的に利用したのか、積極的に自分たちで火を熾《おこ》して用いたのかについて諸説あるが、だいたい百数十万年ほど前には使用した形跡があるらしい。肉は繊維質で筋があるが、加熱調理することによってコラーゲンがゼラチン化し、柔らかくなる。植物から摂取する澱粉は、加熱により糖に分解される。生食するものいずれも、消化しやすくなるために、生食していた従来よりも摂取可能な栄養素の量が増加する。また、加熱によって、毒素が失効したり、有害寄生虫や病原菌を殺すことができるようになる。こうして、高い栄養を摂取することが可能となったことも、脳の飛躍的な発達に寄与した。この食生活の変化は、骨格や筋肉の構造にも影響を及ぼすので、複雑な発声機能が必要な言語を獲得していくことと、大きな関係があると言われている。

一五―二〇万年前くらいに現代型新人（ホモ・サピエンス）が誕生した。かれらと同様石器を使用し、死者を埋葬し、病人の世話をした証拠を残しているネアンデルタール人たちと新人類はしばらくの間共存している。氷河期と間氷期を経て、約一一万五千年前から最終氷期（ウルム氷期）に入り、七万年くらい前までは多雨で湿潤な気候であり、これにはネアンデルタール人が適応したらしい。続いて、七万年くらい前から、最終氷期（亜氷期）が始まり、寒冷乾燥気候に移行する。この頃、新人類は、飛躍的な発展を遂げたようだ。多様な種類かつ複数の部品を組み合わせた、形状の揃った石器や骨角器が出土されているが、これらのなかには銛《もり》、投げ槍《やり》、弓矢、繊維を縒《よ》りあわせた釣り糸や漁網などもあり、大型で危険な動物や魚介類、鳥類も狩猟の対象となったことが類推できる。住居跡から出てくる装身具や縫製衣服などの遺品からは、これらのひとたちが、寒さから身を守る術を持ち、人を埋葬し、美意識や宗教意識を持っていたことが判るし、その現れとしての壁画や彫像、楽器なども遺されている。

この寒冷期に、人類は、アフリカ全土に拡がっていった。アフリカでは、それと同時にオオイノシシや馬の仲間など、大型獣の四〇％が絶滅している。続いて、人類はユーラシア大陸に進出していく。ネアンデルタール人は、ホモ・サピエンスが来る前まではヨーロッパでは唯一の先住民であったが、ホモ・サピエンスが来て数千年のうちに絶滅している。ネアンデルタール人たちが存在した証しとして遺した骨格の構造から類推すると、かれらはホモ・サピエンスのような複雑な発声はできず、したがって、おそらく言語も貧弱であったろうと思われる。ホモ・サピエンスとネアンデルタール人が積極的に争ったのか、単に生存への適応能力の違いだったのかはいまではわからないが、結果として、ホモ・サピエンスは生存競争に勝ち、ネアンデルタール人は滅亡していった。

驚くべきことにおそらく船を使ったと推測されるらしいが、ホモ・サピエンスはオーストラリアやニューギニアにも進出している。これとほぼ同時期、先住のオーストラリア固有の大型有袋類や巨大爬虫類、大型鳥類などの大型動物（メガファウナ）が絶滅している。

衣服を作り、身を守って厳寒を耐える技術を身につけたかれらホモ・サピエンスたちは、当時ヨーロッパと地続きだったベーリング氷橋を渡り、北アメリカ大陸に到達、人口増に伴ってわずか千年ほどで南アメリカ大陸まで居住区を拡げた。オーストラリアで起こったように、象、馬、ライオンやチータなどの大型猫科、駱駝といった、それまでアメリカ大陸にいた大型動物たちは、この時期にほとんど絶滅した。

人類が居住区を拡大するのとほぼ並行して、動物たちは生存の危機に瀕していく。絶滅の原因は、気候・環境の変化など諸説あるが、何回もの同様の激烈な環境変化を生き抜いてきた種が人類の進出と同時期に絶滅していること、人間が初めて姿を現したアフリカでは人間を恐れることを学んでいると思われるので、大型動物たちのなかで生き延びたものが比較的多いこと、おそらく大殺戮の痕跡と思われる槍の突き刺さった動物たちの死骸や骨が各地で大量に見つかっていること（仏・ソリュートレ近郊等）、などから、人間の存在となんらかの関連があると想像される。

この頃の人類が行なっていた狩猟採集生活がどのようなものであったかは、現在の狩猟採集をする人たちの生活調査から類推されている。温帯や熱帯地方では、採集される植物種数は多く、労働時間は一週間で十数時間程度、総じて食事内容は豊富で、周辺の農耕民よりもむしろ栄養的に優れており、健康状態も良好であるといわれている。新人類は片手間にごく簡単な農耕を行ない、家畜を飼っていたとの説もあるが、植物に対する知識は十分にあったようである。つまり、農耕を行なう知識や技術的な準備は整っていたが、狩猟生活から農耕生活に積極的に移行する必要性はなかったと考えられている。

一万四五〇〇年前、ウルム氷期が終わりを告げ、地球は温暖な気候の時期を迎える。わずか五〇〇年ほどの間に気温が七―八度も上昇するという急激な気候変化によって、針葉樹林層は姿を消していく。広葉樹林が成熟し、生態系が安定するまでには数百年を要するため、人間が依存していた狩猟採集生活は、この温暖化で大きな影響を蒙った。また、気温上昇に伴い、氷河が溶解して海面が上がり、陸地面積がほぼ半減し、狩猟採集のフィールドが制限された。シリアの肥沃三日月地帯は、もともと草原だったが、温暖化により森林が拡大し、動物数が減少した。同時に、植物種が増加し、短時間で大きな収穫が得られる野生の穀類の自生範囲が拡がった。そこで、人間たちは、ピスタチオやアーモンドといった木の実のように脂質・タンパク質の多いものを求めて、森林での定住生活を始めたといわれる。ところが、一万二九〇〇年前（一万一〇〇〇年前との説も）からヤンガードリアス期と呼ばれる、いわば寒の戻りといった寒冷期が一〇〇〇―三〇〇〇年ほど到来した。ユーラシア大陸では、食糧難のために、ふたたび草原に出て、野生種のなかでも麦を主体とした穀類を中心に栽培を始めたという農耕起源仮説がある。出土種子の遺伝子分析による植物考古学から、肥沃三日月地帯（南西アジア）、現在の中国、中米、南米のアンデス地帯、合州国東部のあたりが独自に農耕を始めたという知見が提出されている。アフリカのサヘル地域、西アフリカ、エチオピアでは自生の野生種が栽培化されたことは確かだが、家畜の飼育が既に行われており、それがメソポタミアから伝搬されたものである可能性も指摘されている。日本の縄文時代に本格的な農耕が始まらなかったのは、ヤンガードリアス寒冷期の形跡がなく食糧危機に直面しなかったこと、穀類の野生種がなかったこと、広い草原がなかったこと、漁労を含めた狩猟採集生活で十分な栄養が摂取できたこと、などが考えられている。

食料を生産し始めると、狩猟採集よりも単位面積当たりの産出カロリーを高めることができ、より多くの人口を抱えることが可能となった。足手まといな子どもを連れ歩く必要のない定住生活では、出産間隔が短くなり、また乳幼児死亡率も低下し、その結果さらに人口密度が高まる。人口密度が高まれば、より多くの食料が必要となるため、食料生産のための技術向上が促進され、一方で居住・生産地を求めて人口移動が起こる。こうして、約一万年あまり前から始まった農耕によって、人類は飛躍的な発展を遂げ、文明とよばれるものを築くようになる。

しかし、農耕を始める、というのは、生態系から離脱する、ということでもあった。農業を営むとはどういうことだろう。まず、森林を焼き払ったり、伐採したりして切り開き、土地を耕地に開拓する。多種多様な生物に満ちあふれた生態系を取り除き、もともとその場所で育ったものか否かは問わず、目的とする植物をそこに植える。高等植物は、光合成によって糖類を作るが、(＊-1)他の栄養素は土から得る。植物にとって必要不可欠な栄養素は、窒素・リン酸・カリウムであり、人間にとっての三大栄養素と同様、これらは必要条件であって、その他にもカルシウムやマグネシウム、イオウなどさまざまな元素を必要とする。これらの栄養素を豊富に含んだ土は表土とよばれ、生態系の循環のなかで形成される。すなわち、地表に棲息する種々の動植物の死骸や排泄物、落ち葉などが、バクテリアによって分解され、それら有機物・無機物をまた、ミミズなどの土中生物が食べて排泄する。排泄物は土と混じり、窒素・リン酸・カリウムなどが適度に配合された団粒状のものになる。栄養の混じった土が団粒状になっているために、植物の根が張ることができ、また、適度に空気や水分が浸透することができるのである。これが、植物の育つことができる土であり、こうした表土は、地表のごく薄い部分、大体七〇センチメートルから一五〇センチメートルの厚さしかない。表土とは、固定されたものではなく、無数の生命体が複雑に絡み合って、その都度の関係性のなかで紡ぎ出され、運動しているものともいえる。

ところが、農業をするということは、この生命の流れに農作物となる植物をいれることではない。表土から栄養分を吸収して成長した農作物、あるいはその一部を人間は収穫して、他の場所に移動させ、そこで摂取し、排泄する。すなわち、植物は、生存していた場所で死に、分解されるわけではないので、その場所の土中から植物のからだに移行した物質は、再び土に還ることはない。さらに、農業においては、目的作物以外の動植物を極力排除するので、生物相が単純化され、自然の循環のなかでの栄養分補給の道が狭まれる、つまり、地力が低下する。そして、生態系バランスが崩れるために、その作物をターゲットとした線虫などの病害虫や菌が繁殖しやすくなる。また、特に乾燥地では、土壌中の塩を溶解した地下水が毛管現象により地表に引き上げられるため、塩害をきたしやすく、砂漠化を進行させるが、これも、農業のための潅漑が関係している。家畜の放牧は、森林の破壊及び再生阻止、砂漠化、メタンの大気中濃度上昇に繋がる。(*-2) 農耕によって、人間は自然の循環のなかから足を踏み出して、自然を対象物として絶えず干渉し、土地と闘わなければならず、生の営みの持続そのものが、環境に対する破壊に結びつくような生き方へと向かっていったのである。(*-3)

*

大脳新皮質が発達して、特権的な思考を身につけた人間は、火を使用し、道具を使い、言葉を持つようになった。ところが、わたしたちが得た知恵というのは、どこかに暗い歪みが生じているのかもしれない。最初は、食べ物を効率よく得るために工夫をした道具であったが、道具を用いて得られた効率性をまざまざと実感したに違いない。わたしたちは、ひ弱な身体に備わった力の可能性に酔いしれて、食べることが目的なのではなく、ただ力を発揮することに駆動されたような殺害をも行なってきた。遺跡に見られるように、道具を持った人間たちが共同して、牛や馬などの群れを追い詰め、崖まで追い込んで、一挙に数百頭を殺害するということもやってのけた。強く凶暴で大型の捕食獣たちから逃げ回るだけではなく、人間たちは共同作業で力を寄せ合い、さらに道具という身体能力以上の力を発揮できるものを得て、積極的にこれらを攻撃して防衛することもした。そして、わたしたちは、壮絶な同族殺しをやってのけるほどまでに、力の可能性を追い求め、数を増大させていったのである。

もちろん、多くの動物たちも、食べるため以外に、異種のものたちばかりではなく、同族も殺害することがある。

ウシ科草食動物であるヌーは、ときとして、捕食者であるライオンの大人たちが狩りに出払って、留守番役の若い未経験な雌ライオンと群れのこどもたちだけとなったところに遭遇すると、集団で威嚇し、ライオンのこどもたちを踏み殺すことがある。

ライオンは、プライドと呼ばれる雄一〜数頭とそれより数の多い血族の雌たちからなる集団を作り、子育ても共同で行なうのであるが、雄のこどもは一年半から二年くらいで群れから追い出されてしまう。未熟な少年ライオンは、孤独に、あるいは兄弟や同じような境遇の少年ライオンたちとともに、獲物を求めて彷徨《さまよ》い、経験を積み重ねていくが、一年を過ぎて生き延びられるのは半数くらいであると言われている。そうして、機を狙って他のプライドを襲い、雄ライオンと闘争し、勝てばプライドを乗っ取り君臨する。そのとき、雌の発情を誘発するために、プライドにいる乳幼児をすべて殺害してしまう。同様の生活様式を持つハヌマンラングールなども、ハーレムを乗っ取った雄は、先代雄のこども殺しをする。これは、生物の種の保存という目的に反するようにみえるが、行動生態学では、コスト－ベネフィットの問題、すなわち自分の遺伝子を残すために雄が支払う労力と、雌と交尾するまで自分の遺伝子以外のこどもを育てなければならないロスとの関係から、こうした行動をとるのが適応的な戦略である、と説明されている。

　また、繁殖期には、雄同士が結果として相手を死に至らしめるほど争ったりもするような種族もいる。(*-4) こどもに対して感動というほかない愛情を示す親も、育ちそうもない子はあっさり見捨てたりするものたちもいる。鳥類のなかには一番先に卵から孵《かえ》ったものが兄弟殺しをしたりするものもあるし、育ちそうもない子を親兄弟が餌食にするノスリなどもいる。テリトリー争いもあれば、群れのなかでの覇権争いもあり、集団いじめとおぼしきものさえある。だが、ただ生き延びる、そのことだけでさえ厳しい状況のなかで、無駄な争いや暴力の行使はエネルギーの無駄であり、集団殺戮と表現するに相応しい行為はほとんどない。(*-5)

　人間が獲得したテクノロジーは、恐ろしい捕食関係の連鎖から人間を解き放った。そして、生存に結びつく食欲だけではない、新しい欲望を切り開き、その欲望が満たされないことが欠如となって、より一層テクノロジーを発達させ、際限なく拡大することを夢見させたのである。

それでもまだ自然のなかにあって食料を得る狩猟採集は、今日明日食べるものを自然から受け取ることであるともいえる。しかし、保食神の歓待をつつしまやかに受け取ることを拒否し、その身体に剣（金属＝道具）を入れ、身体の繋がりを切断することによって、わたしたちは自らの手で食べるものを生産するようになった。農耕や牧畜は、今日よりもずっと先の未来の食べ物を得ることであり、そのために土と闘い、辛い労働をしなければならないが、それと引き替えに生きることに時間を繰り込んだ。食料を自らの手で生産することで、ただひたすら運命を受け入れるのではなく、能動的に生きること、生きられる予感を前提に生きることを手に入れたのである。

生態系から離脱しながらも、農耕や牧畜はしかし、なおもしばらくは、それは食べるものとしての生物を育てることであり、生きモノに貼り付いた生産、わたしと生物との関係である生産として在り続けた。だがいまや、わたしたちは、発展させてきたテクノロジーの結果、生きモノとわたしのあいだにカネを介在させ、生きモノではなく、商品としての生産を行なうようになっている。大地もまた、国境線と資本に屈服させられ、土と闘いながらも大地に繋がって生きモノを育ててきた人々は資本の論理に組みしだかれている。飢えとはもはや、食べるものの欠如ではなく、食べるものを獲得するためのカネの欠如によってもたらされている。(*-6)

けれどもしかし、わたしたちは、言語で思考する、すなわち過去を振り返り、為したことを省み、未来を望み、いま為すべきことを探る術をもっている。

動物たちであれば、弱り、生き延びられないものを、見捨てざるを得ないだろう。体温が低下していき、動きの鈍くなったこどもを、ただなす術もなく見守るしかない。兄弟姉妹のなかの乳児なら、その子を放置しておけば、他のこどもに死が感染する怖れがあるので、母親は食べてしまうことがある。移動する群れのなかのものなら、ぎりぎりまで待っても、やがてそのものを見捨てる決断をせねばならない。

だが、言語は、そのものを、未だ死んではいない、生きている、と表現する。言語を持つわたしたちは、ただ現在に縛りつけられているのではなく、過去‐歴史と、そこから続く遥かな未来をことばのなかにいだき、生の可能性を想像し、それを信じるという技術を繰り出し続ける。

そして、食べるものの生産は、生のなかに延期された時間を繰り込み、共に生き残る可能性を闢《ひら》いてきたのだ。

わたしたちはなにを殺してきたか、なにを殺し続けているかを視つめ、省みて羞じ、悼《いた》み、かそけく吐きだされる息に耳を澄ませて、なおも諦めない力、それを身につけているはずなのである。

＊‐1　因みに、植物の呼吸・暗呼吸を定量的に明らかにし、窒素循環の研究などから生態系学の基礎を築く一人となったのはニコラ＝テオドール・ド・ソシュール、すなわちかの言語学者フェルディナンの祖父である。

＊‐2　かつて豊かな森林地帯であったメソポタミア一帯の砂漠化も、農耕による塩害と放牧、及び都市化がその

一因と言われている。

＊—3　もっとも、野生種から栽培種となった植物は、かれらなりに人間との共生によって種の保存戦略をとっているともいえる。

＊—4　逆に、それを避けるために、雄同士の争いを形式化し、たとえば、海獣のイッカクの雄のように螺旋状の鋭く長い牙（歯が変形したもの）を持っていても、それは攻撃するものではなく、水中から優美に突き上げて、その長さと大きさを競い合って雌にアピールするというものもいれば、ニワシドリ科の鳥たちに代表されるように、巣作りやダンス、鳴き声のセンスを競い合うものもいる。

＊—5　もっとも、たとえばアカアリとクロアリや、スズメバチとミツバチの戦争のように、集団殺戮とみることができるものもあることは否定しない。

＊—6　環境破壊による食糧危機の問題は深刻である。しかし、現在、地球人口の二倍を上回る人口を養うに足る穀物生産を挙げているにもかかわらず、人口の約七分の一が飢餓線上にあることは、食料生産の問題ではなく、分配の問題である。

3

草の上の昼食

おお月よ、ぼくの血管を流れよ
ぼくがかろうじて身をささえるため
ラフォルグ

一九四二年八月―四三年一月、ガダルカナル戦。大本営直轄部隊第一七軍百武中将以下約三万人の内、戦闘による死者約五千人、餓死者約一万五千人（栄養失調症、マラリア、下痢、脚気）。ようやく救出された約一万人は、栄養失調で餓死寸前の状態。

ソロモン群島の死没者の四分の三に当たる六万六千人は餓死、ビスマルク諸島の死没者の九割、二万七五〇〇人は広義の餓死と推計。

一九四二年八月、ポートモレスビー（ニューギニア）攻略戦によりブナに上陸した南海支隊約一万五千人の内、救出されたもの約三千人。死者の約七割は病死。

続いてニューギニアに投入された兵総数約一四万八千人、戦没者は一三万五千人。その大部分は、栄養失調に起因する餓死・戦病死。

インパール作戦によるビルマ方面作戦兵力約三〇万三五〇〇人。戦没者約一八万五千人（陸軍のみ）。推計七八％（約一四万五千人）が栄養失調、体力低下によるマラリア、赤痢、脚気などで死亡。

四四年サイパン、グアム、テニアン島玉砕の後、絶対国防圏の捨て石とされ、置き去りにされた南洋諸島の兵総数約一二万人が餓死・病死。食糧補給のないまま、投降も許されず、島民圧迫、食料を巡っての処刑、朝鮮人労務者殺害（食料とするため）、軍内部での粛清の記録。メレヨン島部隊では、将校の死没者三三%、兵の死没者八二%、全体では七五%。そのほとんどが栄養失調、病死。

開戦からフィリピン戦に投入された全兵力約六一万三六〇〇人、戦没者数約四九万八六〇〇人（八一%。うち一万二〇〇〇人は四五年八月一五日以降死没）。レイテ決戦では、投入兵力約八万四〇〇〇人中、死者約八万人。死者の約三割は上陸前に水没、島内では戦闘による死亡以外、餓死、栄養失調、病死。ガダルカナルやニューギニアと異なり、フィリピンでは戦場に現地住民が多数生活しており、かつ対日抵抗運動が展開されたので、住民を巻き込んだ戦闘や食料の略奪、住民虐殺が多発したことが特徴である。

中国戦線では、栄養失調に起因するマラリア、赤痢、脚気などによる病死が死因の三―四割。四四年からの大陸打通作戦では過半数が病死。

……藤原彰による試算では、一九七七年厚生省発表の戦没軍人軍属戦没者二三〇万人に対して換算すると、そのうちの一四〇万人前後が戦病死者、すなわち餓死者である（『餓死した英霊たち』青木書店、二〇〇一年）。

＊

日本軍が、設立当初から、前線にいる兵の輜重《しちょう》補給を軽視し、軍需品・食糧などの輸送、補充を司る兵站《へいたん》部に力点をかけていなかったことは周知の通りである。すでに、日清戦争時においても、戦病死者数は戦死者数の一〇倍以上であったにもかかわらず、衛生部門・医療部門もまた、手薄であった。

一八九四年日清戦争において、脚気患者総計四万人余（全入院患者の二五％）、戦死者九七七人に対し、脚気による死者四〇六四人であった。日露戦争では、陸軍の脚気患者総数約二五万人中病死者二万七八〇〇人、陸軍戦没者四万七千人と推計されるが、戦没者の相当数は病死者と目されている。

脚気は、筋肉・神経の活動に必要なビタミンB群のうちのビタミンB_1（チアミン）不足によって引き起こされる。最低血圧が降下し、循環器障害、消化器障害（食欲不振、嘔吐感、便秘）、浮腫を起こし、やがて、両脚・両手の知覚障害、痺れ、疲労感から、神経麻痺、膝蓋腱反射が減弱し、神経が麻痺して歩行困難となり、筋萎縮をきたす。心悸亢進し、心肥大が悪化すると、急性心力衰弱（脚気衝心）を起こし、死亡することもある、という恐ろしい病気である。

平安期より上層階級を中心に罹患するものが多く、白米食が一般武士や町人にまで普及した江戸期には「江戸患い」と呼ばれ、罹患者が増加した。ビタミンB_1は、コメの胚芽部分に含まれており、胚乳にはほとんどない。因みに、麦類は胚乳部分にもビタミンB_1が含有されている。インドネシア支配をしていたオランダ人が脚気と初めて接触したとき、アジア特有の病気とみなした所以であり、西欧にはほとんど見られない病気であった。

　したがって、玄米ではなく白米を常食とした場合、副食類の乏しい食事であると、脚気になりやすくなる。さらに、ビタミンB_1は糖質を代謝分解する酵素を補助し、エネルギーに変えていくという働きをするので、白米を多食すると、ビタミンB_1不足が加速されることになる。脚気の原因は、ビタミンB_1の発見まで確定できなかったが、経験的知識から漢古方医らは、小豆・黒豆などの豆類、麦食の推奨、減塩・水制限などの対症療法を行なった。これらの食事療法は、現在時の栄養学から見て、理に適っていたわけである。

　この脚気が、国民病として浮上してくるのは、徴兵によってである。一八七三年（―七九年）の地租改正によって、生産活動と生活が未分離であったモノの世界からカネの世界に突如投げ出された農民の相当数は、金納である地租滞納により強制処分を受け、耕地は負債により抵当流れし、農村が地主‐小作制度へと再編されていく。その過程と共に、析出された「食えない」層は、「食える」軍隊にも参入していくことになる。当時兵に給付を保証されたのは、一人当たり白米六合。貧農出身者にとっては、白米が食べられる、そのことだけでも魅力であり、国家はそれを見せ金としたのであった。[*-1] したがって、白米多食の結果として、軍隊に脚気が蔓延していく。

　何万人もの兵の生命を奪った脚気の病因に関して、病原菌説と栄養不良説が対立した。それは、ドイツに留学し、ロベルト・コッホのもとで学んだ鷗外・森林太郎（軍医）などが中心となり、東京帝国大学の医学者を後ろ盾とした病原菌説を唱える陸軍と、経験的・実験的に帰納し、対策として栄養改善を唱える英国帰りの高木兼寛を中心とした海軍との対立でもあった。西欧には脚気がなく、アジアの風土病と思われていたことに着目し、パン食（パン食には抵抗が大きかったので、後には麦食）に切り替えた海軍は、食事改善により脚気患者が激減したことを実証した。(*-2) しかし、ビタミン類（vitamin：〈vita ＝生命〉の活動に影響を与え、これが過不足するとバランスを崩し、病気を引き起こす物質）という栄養学的範疇の一分野の発見に未だ至っていない状況の中で、因果関係の解明もなく経験的な判断は古医術に通じると目されたこともあり、陸軍中央部では海軍のような麦飯導入は行なわれなかった。森鷗外は、生涯にわたり一貫して白米食脚気誘発説を執拗に批判し、高木兼寛を認めようとはせずに、頑迷なまでに論難する。そして、日露戦争に於いても、現場からの麦食要求に応えようとはしなかった。その結果、海軍では脚気による死者がほとんど出なかったのに対し、陸軍では多くの死者を出したのである。白米食がビタミンB群不足をもたらし、その結果脚気が起こる、ということが認められるのは、鷗外の死後、一九二四年まで待たなければならなかった。

携帯に適する軽さで食べやすく、また厳寒の中でも凍らず、カロリーも充実している国産の携帯口糧の研究・開発はされてはいた。乾パン（乾麪包）・ゴム玉入り羊羹・粉味噌・携帯甘酒・圧縮乾燥野菜・各種の野菜や味噌、肉などが入ったパンなどが考えられていたようである。しかし、それらの携帯口糧は、ほとんど実用化されなかった。とくに、太平洋戦争時は、もともとの兵站部軽視に加え、物資の不足もあり、主食は米、副食は現地調達（すなわち、実際には、制圧した現地からの略奪。南方戦のように結果として長期間放置された場合は、開墾・農耕）、非常食として乾パンというものだった。(＊-3)

この、兵站軽視を補完するのが、精神論であった。日本陸軍の中枢を担う幹部候補生は、陸軍幼年学校、陸軍士官学校卒業生であり、さらにその中から選抜されたものは、陸軍大学校に進む。閉鎖的な環境の中で、実務よりも観念論を重視し、徹底的にエリート主義を叩き込む教育の結果、狭量で排他的であり、柔軟性を欠き、現場を軽視、無視する幹部が育成されることになる。そうしたかれらが、遙か戦場を離れた大本営より、兵要地誌の調査をろくに行わず、地図の上での作戦を立て、現地自活主義と精神での物資不足克服を兵に強要し、作戦の変更を許さなかったのである。

そしてまた、日本軍兵士は、投降し捕虜になることも許されなかった。第一次世界大戦くらいまではハーグ条約（一八九九年）を遵守し、他国軍捕虜にたいして人道的な厚遇をしていたが、戦後、精神主義重視を強めた軍部は、捕虜を恥辱とする思想を拡げ、捕虜の虐待・殺害をも辞さなくなっていく（一九二九年ジュネーブ条約は調印したが、批准せず）。その背景にはもちろん、日本軍人は死ぬまで戦うべきものとして捕虜になることを許さない規律の強化があった。つまり、そのためには他国軍捕虜の優遇は有害とされたのである。投降すれば軍法による厳罰の処遇というのはすでに先例として固まっていたが、それが明文化されるのが、戦陣訓（一九四一年）である。それより以前、軍人勅諭（一八八二年）と軍制改革によって、厳しい軍紀の維持と、上官に対する絶対服従の規律が強化され、天皇の名によって強制された。もとより基本的人権を等閑視され、監視と懲罰によって規律を外部から刷り込まれていく下級兵は、自発性を剝奪され、客体化され、消耗される臣民として馴化《じゅんか》されていくのである。降伏の禁止が、すでに戦況明らかに必敗となっても武装を解くことなく、餓死するか、若《も》しくは玉砕のふたつしかない道に繋がっていった。

＊

第二次世界大戦に一九三九年動員され、捕虜となって四五年まで収容所生活を送ったポール・リクールは、人間の知恵は、意志と欲求との交差点にあり、人間は欲求に直面することができるし、欲求を犠牲にできるという能力によって人間である、と言う。

（……）仮に私が欠如としての欲求の主人でないとしても、私は行為の理由としてはそれを拒否することができる。人間がその人間性を示すのは、こうした極限的な体験においてである。（……）渇きや寒さの国での探険物語、兵士たちのさまざまな証言は、欲求に対する勝利の長い叙事詩である。人間は自分の空腹と他の事柄との間で選択をすることができる。欲求の非-満足が単に許容されるだけではなく、系統的に選択されうるのである。たえず告発か一片のパンかの選択に当面した人は、生命よりも名誉を選ぶであろう。

（ポール・リクール『意志的なものと非意志的なものⅠ　決意すること』滝浦静雄・箱石匡行・竹内修身訳、紀伊國屋書店、一九九三年）


日本精神なるものを叩き込まれ、軍紀に服従することの強制が身体的な地点まで習慣化させられた兵士たちは、餓死することを意志でもって選択したのであろうか。かれらは、「皇軍兵士」として、最後まで誇りを持ち、国家の興隆と安寧を願って、死んでいったのだろうか？　いまなお、かれらの死が国家（を代表するもの）によって追悼され、未来の死者たちに向けて、賞揚され、利用されるように。

――ガダルカナル

今朝もまた数名が昇天する。ゴロゴロ転がっている屍体に蝿がぶんぶんたかっている。

どうやら俺たちは人間の肉体の限界まできたらしい。

生き残ったものは全員顔が土色で、頭の毛は赤子の産毛のように薄くぼやぼやになってきた。

黒髪が、ウブ毛にいつ変ったのだろう。

体内にはもうウブ毛しか生える力が、養分がなくなったらしい。髪の毛が、ボーボーと生え……などという小説を読んだこともあるが、この体力では髪の毛が生える力もないらしい。

やせる型の人間は骨までやせ、肥る型の人間はブヨブヨにふくらむだけ。歯でさえも金冠や充塡物が外れてしまったのを見ると、ボロボロに腐ってきたらしい。歯も生きていることを初めて知った。

この頃アウステン山に不思議な生命判断が流行《はや》り出した。限界に近づいた肉体の生命の日数を、統計の結果から、次のようにわけたのである。この非科学的であり、非人道的である生命判断は決して外れなかった。

立つことの出来る人間は………寿命三十日間
身体を起して坐れる人間は……三週間
寝たきり起きられない人間は…一週間
寝たまま小便をするものは……三日間
もの言わなくなったものは……二日間
またたきしなくなったものは…明日

（小尾靖夫「人間の限界―陣中日誌―」一九四二年一二月二七日。当時ガダルカナル島派遣川口支隊歩兵第一二四連隊、連隊旗手。元陸軍中尉。『実録太平洋戦争　2』中央公論社、一九六〇年より）

――インパール

兵隊の顔は青くむくみ上るか、歯の出るほどやせこけている。それが、ながくのびたひげと、こびりついた泥と垢で黒くなっている。服は泥と雨にまみれ、海草のように破れ裂けて、胸の悪くなる悪臭を放っている。

兵隊の大部分は下痢か、皮膚病か、熱病におかされている。師団の命令によれば、軽症患者は、患者と認めず、というのであった。その判定の基準は、鉄砲を撃てるかどうか、という所にあった。だから「弓」師団のなかに発生した傷病患者の、実に七十パーセント以上が、衛生隊の収容所ではなくて、第一線の壕のなかにいたのである。

（……）

兵隊の皮膚は、水びたしになっているために、白く変色し、べろべろとはがれた《ママ》、内臓は、かびがはえて、腐蝕し、変形して行くように感じられた。兵隊は、すでに、一個の生物と化した。泥のなかにもぐり、ちぢこまり、息をこらし、苦痛にたえ、ただ本能的に生き抜こうとする。……今、彼らが願うことは、明るい太陽の下で、さわやかな空気を、胸いっぱいに呼吸したいことである。太陽を失った彼らには、あのビルマの、目がくらみ、犬のようにあえいだ、灼熱の太陽が恋しい。

それにもまして、思いつづけるのは、白く、柔らかなたきたての飯をたべたいということだ。

「三つこぶ山」やコイロクに英印軍が出て、連絡路を遮断して以来、ヌンガンの作間連隊には、補給が全くなくなった。今、壕のなかにいる兵隊に与えられているのは、馬の飼料として用意されたカタバイである。それも一人一日の分量は、手のひらにのるくらいしかない。この、豆のひきわりと、ふすま粉の混合物が、下痢と腹痛に苦しんでいる兵隊の食物である。

弾薬糧秣の後方輸送を全く軽視した、無謀なこの作戦が開始される時、軍司令官が、最大の確信をもってたのみとしたのは、皇軍精神と称する、兵隊の精神力であった。だが兵隊は、生物化すると同時に、精神力を失ってしまった。日本軍の指導者が信じていた作戦の基盤は、むなしく崩壊しようとしている。

兵隊はただ、絶望して、恐怖するばかりである。兵隊は、自分の死が、時間の問題でしかないことを知っている。——恐らくは、敵弾に倒れる前に、疫病と苦痛のために死ぬだろう。

……

たこつぼ式の個人壕にいる兵隊は、実に、生きながら、自分の墓穴にはいっている。

(高木俊朗「インパール」。当時ビルマ方面派遣陸軍報道班員。日映ニュース記者。『実録太平洋戦争3』中央公論社、一九六〇年より)

戦争は生きることの全貌を一変させるものだ。生きるためには、味方さえ殺し合うのだ。われわれも、恥もなく屍についた雑嚢を探したのだが、食い物はなにひとつはいっていなかった。

おぞましい非人の仕業もあきらめ、歩いては休み、休んでは歩き、体内に残る生命の焰をかきたて、生きようとする苦行だけはつづけた。

(志摩辰郎「地獄街道の戦い」。当時ビルマ派遣第十五師団独立山砲隊所属。元陸軍見習士官。右掲書所収)

――テニアン

自分が生きていることを知ると、たちまち欲望がわいてくる。水を飲みたい。煙草を吸いたい……水筒に手をやったが、カラであった。かたわらの死体を見た。私の部下にはちがいないが、顔を見ても誰だか識別できなかった。腰の水筒に手をかけて振ってみたが、これもやはりカラだった。その次の死体には水筒さえなかった。しかたなく、その隣の死体を見ようと立ちあがろうとしたが、左の足に何の力もなく、焼けるような痛みを感じて前へのめってしまった。私は再び目をつぶった。この際、自分は生きるべきなのか、それとも死ぬべきなのか。

(……)

水を断たれたことによって、テニアンの戦闘はいっそう凄惨なものになった。水を求めてあらゆる人間が狂い出したからだ。敵と闘うべき者が、任務を放棄して、水をもとめてさまよいはじめた。居留民は水を求めるために、兵隊よりも勇敢に敵陣突破をくわだてた。ことに悲惨なのは幼児だった。日に日に萎んでいく母の乳房からは一滴の乳も出なくなり、ついには母親の尿までのまされた。しかし、それさえも母親のからだから出なくなると、乳児は、砂上に放り出された鮒のように、口をパクパクさせながら死んでいった。このような責苦にあえぎながらも、居留民は敵に救いを求めることはしなかった。米英は鬼畜だと教えこまれていたからである。

（大高勇治「死の島は生きている」。当時特別編成海軍陸戦隊機銃隊長。元海軍中尉。『実録太平洋戦争　4』中央公論社、一九六〇年より）

――ビアク島

洞窟外一歩出レバ
砲弾ノ洗礼アリ
日常生活総テ洞窟内ニ於テ行ヒタリ
糞尿ハ流レ
死臭ト混和シテ悪臭ニ
窒息スル許リナリ
血ハ地ヲハヒ死汁ハ滲ミ

フン尿は《（ママ）》流れ《（ママ）》
洞窟ノ水滴モ為ニ味ヲ変ズ
飲料水ハ此ノ水滴ノミ
（……）
八月も近し　八月迄生命ありとは思はざりき、今日吾々の最も欲しあるは一握の塩ナリ　薬に等しき少量の塩なり、調味品として塩のみあらば人間死する事なし、米の量が定量から半定量となり¼定量となり遂に一粒もなしとなり芋のみに依存するも遂に芋も少なくなり親芋となり茎となる
動物性蛋白不足は、蛇とかげを食し、カタツムリを喰ふ、いづれも美味なり、塩分は人間に一定量必要なれば空腹感以外に欲する事絶大なり。
（浅野寛「椰子の実は流れる（遺稿）—陣中日誌—」。当時南方派遣第三十六師団第二百二十二連隊所属。元陸軍主計中尉。『実録太平洋戦争　3』中央公論社、一九六〇年より）

＊

極限の状態——ここにおいて、生が剝き出しに晒された場所において、立ち現れてくるのは、観念とは無縁の意志である。意志とは、すべての生命体のなかに潜んでいる、唯一志向する目的

すなわち生きること、そのことを運動する力なのだ。

レイテ戦に参加した大岡昇平は、現地の村に現われ、略奪して、住民の報復を受けた敗残兵の屍体を前に、次のように記述する（大岡昇平『野火』。以下引用は新潮文庫版による）。

今それを記述しようとして、私がいかにそれを「見て」さえいなかったかを知る。（……）まずそれを屍体と認めた眼は、既知の人間の形態を予期しつつ、その上を移動したが、眼は常に異様な変形によって裏切られたのである。

その時私の感じたのは、一種荒涼たる寂寥感であった。孤独な敗兵の裏切られた社会的感情であった。この既に人間的形態を失った同胞の残骸で、最も私の心を傷ましめたのは、その曲げた片足、拡げた手等が示すらしい、人間の最後の意志であった。

ここでは、国家も、民族も、名誉も、誇りも、そのほか一切の意味は、価値は、形式は、本質は、概念は、生という零度の熱射線に灼けつき、蒸発しようとしている。

言語によって思考する人間は、完全に意味を剝奪された世界に生きることを耐え難く感じる。多様なるもの、言語の彼方に存在するものだけが、無数に散らばり、絶えず変化し、運動している、この世界に、同一なるもの、普遍なものを見いだそうとしたり、創りあげようとしたりするある種の狂気、すなわち象徴化能力によって、人間は、その恐怖を辛うじて耐えているのだ。価値の一般等価物によって抑え込まなければ、一般等価物によって交換されないものを排除しなければ、〈わたし〉を取り巻く他者たち、モノが、たちまち溢れだし、叛乱し、世界の箍《たが》が外れてしまう。

価値や意味といったものが蒸発し、世界の箍が外れかかり、空腹が狂暴な飢餓となって身体を蝕もうとしているとき、『野火』の「私」はしかし、身体の欲求の赴くままに自らを委ねることをどうにか避ける。国家や法律や道徳ではなく、それらが剝ぎ取られた世界と「私」とのひりひりした接触によって、その都度擦れるような痛みから滴る倫理を、かれは、かれの世界の箍としようと格闘するのだ。

塩を得るために、はからずも村民の女性を殺してしまったかれは、「自分の手で、一つの生命の歴史を断った以上、他者が生きるのを見ることは、堪えられない」と思い、世界に帰る望みを自分に禁じる。

一方、俺が死んだら、ここ（上膊部）を食べていいと、飢餓衰弱の譫妄《せんもう》状態から一瞬の澄明さを示して死んでいった将校の屍体を前に、葛藤する。

しかし私は昨日この瀕死《ひんし》の狂人を見出した時、すぐに抱いた計画を、なかなか実行に移すことが出来なかった。私の犠牲者が息絶える前に呟いた「食べてもいいよ」という言葉が私に憑《つ》いていた。飢えた胃に恩寵《おんちょう》的なこの許可が、却《かえ》って禁圧として働いたのは奇妙である。

すぐに抱いた計画とは、何日も前から、他に食べるものもなく、草と蛭と塩だけで身体を辛うじて保たせ山野を彷徨いながら目にした——おそらく、それと意識するのではなく無防備に視界にある光景から、身体が要求したものであった。道傍に見出す屍体には臀肉を失っているという一つの特徴があって、初めのうち「私」は犬か鳥が食ったのだと思う。だが、或る日それらの動物がいないことに——これは、「私」にとって食べられるタンパク質がないということをも意味しているのであるが——気がつく。それが誰の仕業であるのか、推理する習慣も失っていた「私」はしかし、一つのあまり硬直の進んでいない屍体を見て、その肉を食べたいと思うことによって初めて、誰であるか、ということを見抜いたのである。そして、海難事故で漂流し人肉を食べたメデュース号の筏事件や、ガダルカナルでの飢兵の人肉食いの噂を知っていなかったとすれば、果たしてこのとき、飢えを癒すべき対象としての人肉を思いついたのかどうかは疑問だと書く。と同時に、知っていたから、母を犯し人肉を食う自分を嫌悪の強迫なくして想像することは出来ないという社会的偏見を無視し得たのだとも書く。つまり、人類史においては、近親相姦や人肉食はあったが、長い歴史と因習の影の中にある文明社会に生きる我々としての人間はそれらを忌避しているのであり、しかしながら、極限状態にあっては、例外としてそうした行為がある、ということを知っているから、屍体を見て食べたいという欲望が起こったのだ、という思考形式をとった、と言語の中で抑え込もうとしている。では、この「私」の欲望が果たして自然であったのかどうか、ということについては「(これを事後的に振り返り回想して文章にしている＝引用者）今の私には決定することが出来ない」。

これは、屍体を見て食べたいと思ったから、なぜ屍体の臀肉がないのかという理由に気がついたという直前の記述と齟齬がある。食べたい、と思ったのは、言語化された意識より以前の身体の欲望ではないのか。そのひりつくような欲望を意識が言語でもって知覚したことを認識して、初めて、人肉食禁忌という言語の箍が外れていることに気がついたのではないのか。

ともかく、このとき、「私」は屍体に手を付けなかった。

私の憶えているのは、私が躊躇し、延期したことだけである。その理由は知っている。新しい屍体を見出す毎に私はあたりを見廻した。私は再び誰かに見られていると思った。（傍点は原文）

全てが終わった今回顧し想起して書いている「私」は、書かれているそのときには、世界と「私」が剝き出しになり、擦れあわさっている場所にいたのに、記述に歴史としての他者の眼差しを差し挟むことで、「私」が言語の世界に繫留されているのだ、と設定し直している。すなわち、人間という他者との相互的な関係のなかに在り、相互の眼差しのなかに絡み取られ竦《すく》んで初めて「私」というものが成立するということを認識する場所、それが人間の生きる言語の世界であって、竦むことに善悪の根拠がおかれるのである。「私」は、そのとき屍体に手を付けなかったことを、他者の視線に竦んだからだ、と書いている現在の「私」は記述する。それは事後的なものであって、書いた時点で憶えていることというのは、これは想起であり、言語で漉《こ》されたものとして書く時点に呼び起こされるのだ。記憶とはそういうものであり、書くことというのは、そのときに貼付いたものではなく、すべて事後的なものなのである。

何人かの生きた人間と擦れ違いながら彷徨い、動かぬ人間、新しい、まだ人間の形態をとどめている屍体を、「私」の眼は探していた。そうして、木に背を凭《もた》せて動かない一個の人体を見る。それが、ほとんど狂っていた将校であった。「あは、あは」と笑っているかれを、「食欲をそそる顎の動きであった」と「私」は書く。暗闇があたりを蔽っても「私」は、将校の側を離れない。そして、眠らなかった。待っていた。朝の光の中で見出したのは夥しい蝿に覆われたかれの顔と手であり、かれが土を摑んで口に入れるとき、尿と糞の臭いがした。死につつある狂人が、意識の鮮明な瞬間をもち、「警官のような澄んだ眼で、私を見凝めて」言う。「何だ、お前まだいたのかい。可哀そうに。俺が死んだら、ここを食べてもいいよ。」

恩寵的な許可——言語による許可は、他者のほうから、身体よりはるかな外部からやってくる。にもかかわらず、禁圧として働くのはなぜか。ここで、わたしたちは、言語の箍が外れ、叛乱／氾濫するモノと、はじけ飛んだはずの言語との身体をアリーナとした闘争を見る。

私の獲物である将校の屍に喰らいついた山蛭をもぎ離し、ふくらんだ体腔を押し潰して、中に充ちた血を啜る。

私は自分で手を下すのを怖れながら、他の生物の体を経由すれば、人間の血を摂るに、罪も感じない自分を変に思った。

蛭は、純然たる道具であって、剣を用いて肉を裂いて血を啜るのと原則として区別もないからである。そして、将校であった屍体の死は自分のせいではなく、意識が去った以上それは人間ではないと（生きている自分は意識し）、「食べてもいいよ」と言った魂とは別のものであるのだと、蛭を道具にしたと同じく、右手で剣を抜き肉をこそげようとする。

私は誰も見ていないことを、もう一度確かめた。

だが、日常の仕事を司って皮膚も厚く関節も太い右手を、自分のしなやかな左手が握り離さない。右手の意志を、左手の意志が遮断するという奇妙な背反が身体の中で闘われる。

ひとはなぜ、ひとを殺してはいけないか。〈わたし〉がいま、ここに存在する。そのこと、その存在の、存在者の、根拠を言語で抑え込めない以上、というより、存在する、その冷厳な事実は言語とは無縁のものである以上、殺害の禁止もまた、言語で抑え込めるものではない。殺してはいけない根拠など、語ることはできるはずもないのだ。

超越的存在として振る舞っている言語が構築し、われわれがその内部に安住しているという幻想で支えられている法、それが物質の存在という事実によってはじき飛ばされたとき、剝き出しの接触による傷から倫理が滴る。

倫理——エコロジー（oikos＋logos)。

生きる場所に在る論理。

法の内部に在る右手と、剝き出しの存在に貼り付いている左手の闘争の喘ぎから、身体は硬直する。

そこに一瞬、生の意志が仄めく。

＊1　「日本人は古来よりコメを主食としていた」という言説は、虚偽である。確かに、農業の基盤としては米作（と養蚕）が主軸であり、米は経済単位となっていたが、米を食することができるのは限られた層であった。人口比が多く実際に米生産に従事していた農民のほとんどは、米に粟・稗等雑穀や大根葉などを混ぜたもの、あるいは雑穀を主たる常食にしていた。それだけに一層、白米に対する憧れは強かった、といえる。

＊2　因みに、西欧では、脚気の代わりに、大航海時代より船乗りが罹患する壊血病が恐れられていた。アスコ

ルビン酸（ビタミンC）欠乏によって引き起こされるこの病気は、籠城している町の住人や獄中の囚人にも発生するが、因果関係が究明できず、療法もなかった。ようやく一八世紀半ばになって、スコットランドの医者ジェイムズ・リンドが、食事との関連性に着目、柑橘類の果汁が壊血病に有効との臨床的知見を得る。男性的価値観からみて、船乗りたちが果汁を飲むのは相当抵抗があったようだが、徐々に普及、一八世紀末には海軍も、ライムの積み込みを受け入れるようになった。米語のLimeyは、英国軍水兵、ひいては英国人に対する蔑称であるが、軍船にライムを積み込む有様を、米国人がからかって呼んだことから始まっている。

＊-3　合州国陸軍は、一九三六年から四一年にかけてフィールドレーションC及びDを研究・開発し、第二次世界大戦中はこれを元にした兵食を装備している。低容積・高カロリーで毎日常食しても飽きない味を目的に作られたのが、チョコレート・砂糖・オート麦・ココアバター・脱脂粉乳からなるローガン・バーである（Dレーション）。一方、単調さを回避し、家庭食に近づけたものとして、ビーフシチューや肉と野菜のハッシュ、牛肉入りヌードルなどの缶詰と乾パン、チョコレートキャラメル、キャンディ、チョコレート、インスタント・コーヒーなどをユニットにしたのが、Cレーションであり、フィールドキッチンが使用不可能な際の作戦食となっていく。栄養に加え、簡便さ、長期安定性、運搬・輸送における適合性、作戦地の気候条件、作戦の用途別、さらに味を重視したレーションの開発には、莫大な費用がかけられ、各種さまざまなレーションが開発された。

4　パニス・アンジェリクス

友よ、私は、あなたの殺した敵です。
W・オウエン

一九四三年一二月三日、他の五隻の船と共に根室港を出港し、オホーツク海廻りで小樽港を目指していた日本陸軍・暁部隊所属の徴用船第五清進丸は、同日知床半島羅臼沖付近で悪天候に遭遇、猛吹雪の中エンジンは破損し、無線もないので救助を要請できないまま漂流、翌朝座礁する。船長（当時二九歳）は、甲板から岸を目指して乗組員六人に脱出を指示、最後に船から脱出した船長は、極寒の海を泳ぎ切って陸地に上陸する。そこはペキンの鼻と呼ばれる知床岬南部の場所で、船長はようやくにして、夏場のみ昆布を採取するために漁師が宿泊する番屋に辿り着く。もともと乗船していた船長以下の船員は、五〇歳、四七歳、三九歳、三四歳、一八歳が二人の六人。船長が転がり込んだとき、番屋にあったのは、マッチ数本と、樽に残っている少量の味噌だけであった。

翌年二月三日、番屋から三〇キロメートルほど離れた北浜（ルシャ）の民家に、上着の上に筵《むしろ》を巻き付けた姿で、意識朦朧とした男が現れた。船長だった。彼の話によると、船員五名は飢餓と寒さのために死亡、残った一八歳の少年と番屋で、マッチで薪を燃やして暖を取り、漂着した海藻や海胆《うに》の殻、流氷に挟まれたトッカリ（アザラシ）などで凌いでいた。ところが、一月一九日、海藻を採りに行った少年が崖から転落死したので、心細くなり、結氷した洋上を渡って辿り着いたのだという（警察に出頭して報告した記述）。軍属である船長は、軍部によって戦意高揚のために喧伝され、国民的英雄として「不死身の神兵」と持て囃される。

　だが、やがて、船長の話に矛盾を感じるものが出てきた。衣服や腕時計に関するものの他、流氷に閉ざされる極寒のこの時期には海藻やトッカリは漂流してこないはずであるから、実際にはいったい何を食べて生命を維持していたのかという大きな疑問が湧きおこった。また、収容されている旅館での船長は、仏壇を拝まず、罪の意識に苛まれているように見受けられるところも疑惑を呼んだ。それで、検証が行なわれることになったが、調査された番屋の壁などにはあちこちに血痕とおぼしきものが見られた。浜ではリンゴ箱が発見され、その中には、人間の頭部、頚部、脊髄骨、手足の骨、剝ぎ取られた表皮などが詰められていた。頭蓋骨は鈍器のようなもので打ち砕かれた形跡があり、脳膜は抜き取られている。掌、蹠《あしうら》、指などは付着しているが、手足の表皮は剝かれ、その部分の肉は、ナイフ状のもので切り取られたようになっている。また、他の部分も肉を削り取った跡があり、手の骨は焼かれた跡が残っている。各部の骨は、衣服で丁寧に包まれ、箱の中に納められていた。人骨は若年男性のものであることは明らかで、状況証拠から、船長が一八歳少年を殺害し、その人肉を食べて露命を繋いでいたが、それも食べ尽くしたため、その骨を箱に詰めて海中に投じ犯跡を隠した後、助けを求めてその場を離れた、と警察は推察した。船長は、殺人・死体損壊・死体遺棄の容疑で逮捕され、国民的英雄から一変して、「人肉を喰って生き延びた恐るべき軍属」として好奇と非難の目に晒されることになる。

取り調べに於いて、船長は殺害を一貫して否認した。船長が番屋に辿り着いてしばらくしてから、全身氷漬けになった少年がやはり番屋に来たが、他の五人の乗組員は消息不明。最初は雪を火で溶かして味噌汁にして食べていたが、やがてそれも底をつき、危険を冒して浜へ若布や昆布を採りに行った。そうこうするうちに栄養失調のため、二人は幻覚症状をきたすようになる。一月一九日頃（遭難から四六日目。供述書等による。一月の初めという叙述もある）少年は、幻覚のなか、栄養失調で死亡。自らの死を想像すると同時に、生きることへの希求が強く船長を衝き動かし、番屋に置いてあった斧や包丁で少年の死体を解体し、鍋で煮て食した。少年の肉を食べて体力が若干回復したが、残りも少なくなったので、二月一日船長は番屋を脱出した。骨を集めて丁寧に衣服で包み、リンゴ箱に納め、岩陰にロープで縛り付けて、残りの肉を腰に巻き（食した、との叙述もある）、二日間彷徨った後、ルシャの民家をようやく見つけることとなった。

船長は、食人を裁く条文がないため、死体損壊の罪状で起訴された。(*-1)

弁護側は、船長の行為は刑法三七条で定められた緊急避難であり、極限状況の下での心神耗弱状態（同三九条二項）でなされたものであるとして無罪を主張した。緊急避難とは、刑法三七条「自己又は他人の生命、身体、自由又は財産に対する現在の危難を避けるため、やむを得ずにした行為は、これによって生じた害が避けようとした害の程度を超えなかった場合に限り、罰しない。ただし、その程度を超えた行為は、情状により、その刑を減軽し、又は免除することができる。2　前項の規定は、業務上特別の義務がある者には、適用しない。」に則ったもので、他に食べるものを入手する手段が閉ざされている船長の場合、そこにある死体を食べなければ自身の生命が死の危険に晒されるので、やむを得ずにした行為であり、すでに死体は死んだものであって船長が死ぬ方が害が大きいから、罰するに値しない、という解釈であろう。また、刑法三九条は、「心神喪失者の行為は、罰しない。2　心神耗弱者の行為は、その刑を減軽する。」とあるが、心神喪失と心神耗弱の具体的な判別、区別については法的な定義がある訳ではない上、科学的な定義もあるわけではないけれども、是非善悪を弁別する理性や自由意志をもたないものには責任能力を問うことは出来ない、という法的前提に基づいたものである。

裁判では、心神耗弱のみが認められ、二年の求刑に対し、懲役一年の実刑判決が言い渡された。

然ルニ本件ハ飢餓ニ迫ラレタルトハ云ヘ、人肉ヲ食シテ難ヲ避ケントシタルモノナルガ故ニ、右ハ社会生活ノ文化的秩序維持ノ精神ニ悖ルコト甚シキモノト認ムルヲ相当トスベキヲ以テ（……）

（釧路区裁判所判決）

因みに、判決で認めた心神耗弱は減刑、心神喪失なら無罪（不起訴）となる。この事件を長年追究し、船長など関係者にも聞き取りを行なってきた合田一道に拠ると、この裁判は「判例大系」から脱落しており、裁判記録は釧路区裁判所に一定期間留め置かれた後に処分されてしまい、現存する判決文は個人所有の写しが唯一のものであるという。

これは皇軍に隷属する元軍属が人食いによって裁かれたという記録が残っては神国の歴史に汚点がつくと判断したから、裁判そのものにも軍部による圧力があったからであろう、と合田は推測している。飢餓による心神耗弱によって人肉を食するに至ったことを認めつつ、緊急避難を認めないということは、社会生活の文化的秩序維持のために、行為の是非を判断する能力や行動を制御する能力を著しく減弱したまま座して死を選択することを強要するものであり、この判決文には奇妙な捻《ねじ》れがある。

食人行為により起訴され、有罪の判決を受けたのは、世界の裁判史上、これが唯一の事例であると言われている。そして、その判決や、世間での評価とはかかわりなく、船長は、当時の、追い詰められ、食人に至った行為の理由を自分でも理解は出来ないが、はっきり認識しており、そして、殺したのではなくただ食べただけの自分の行為について、強い罪悪感を抱き、生涯その罪悪感から逃れることができず、苦しんだ。

船長は控訴することなく服役し、一九八九年ひっそりと死去した。

＊

武田泰淳の『ひかりごけ』（一九五四年）は、実際にあった、この第五清進丸事件を元にしている（『ひかりごけ』では、清神丸）。やはり実際にあった別の事件を下敷きにした野上弥生子の『海神丸』（一九二二年発表。新藤兼人により『人間』近代映画協会、一九六二年として映画化）、大岡昇平『野火』（一九五二年）と、モデルにした清進丸事件を総合整理して、飢餓の極に達し、かつ絶対にそこから逃れられなくなった人間の犯す罪悪を、『ひかりごけ』のなかで、武田は次のようにまとめている。

（1）単なる殺人。
（2）人肉を喰う目的でやる殺人。
（3）喰う目的でやった殺人のあと、人肉は食べない
（4）喰う目的でやった殺人のあと、人肉を食べる。
（5）殺人はやらないで、自然死の人肉を食べる。

そして、（2）は（1）よりも、（4）は（3）よりも重罪らしいが、（1）と（5）はどちらが重罪かというと、比較が出来ないほど難しい問題であり、そして、このふたつの行為は「どこかおのおの異った臭気を発散することだけは、感覚的に」わかると書く。何故異なるのかというと、殺人はありふれており、今後も大量殺人が地球上に発生する予感にさえ慣れている。その予

感に恐怖はするが、嘔気までは催さないし、反感は抱くが珍奇とも思わない。しかし、人肉喰いとなれば、「身ぶるいがするほど嫌悪の念をもよおす。何という未開野蛮な、何という乱暴な、神を怖れぬ行為であるか、自分はそんな行為とは無関係だし、とても想像さえ出来ない」と考える。この部分の文章には主語がないが、文意から「我々」すなわち一般に人は、ということであろう。武田自身がどう考えるのかはともかく（というよりも、これから論を展開していく訳であるが）、少なくとも、食人行為と聞くだけでそれは嘔吐を催すほど嫌悪すべきことであり、この「文明」社会ではほとんどあり得ない異常な行為である、というのが一般的な理解である、ということを無前提に起点としている。

殺人は「文明人」も行い得るが、人肉喰いは「文明人」の体面にかかわる。わが民族、わが人種は殺人こそすれ、人肉喰いはやらないと主張するだけで、神の恵みを享けるに足る優秀民族、先進人種と錯覚してはばかりません。

「野火」の主人公が、「俺は殺したが食べなかった」などと反省して、文明人ぶっているのは、明かにこの種の錯覚のあらわれでありましょう。

（『ひかりごけ』）

武田は、いったいなにを『ひかりごけ』で、問おうとしたのであろうか。というより、『野火』

を書いた大岡昇平の文章が、武田の疳に触ったようにも思えるのであるが、かれはいったいなに
に苛立っているのであろうか。

かれが理解する「世間」にとって、殺人と人肉喰いを截断するものは、おぞましさ、のようである。身ぶるいがするほどの嫌悪の念とは、理屈を超えた、まさに生理的なものに他ならない。このおぞましさが、なにに由来し、なにを所以とするのかについては、さて措こう（もしかして、ただ単に慣れの問題であり、おぞましいかどうかすら、ある文化形式の問題であるのかも知れない）。

ともかく、人間存在の昏《くら》く根源的なところを揺さぶるおぞましさを、近代理性は、徹底的に退け、あるいは明るみのなかに引きずり出して馴化しようとしてきた。したがって、殺人は、刑法の体系のなかに属するが、食人の罪状は刑法には存在しない。自然‐動物と、言語を持つ人間の間には、深い淵があり、人間は特権化されるべきものであるからである。つまり、食物と生物を、われわれは言語の上で、分別しているので、罪刑法定主義かつ文言主義の実定法体系のなかでは、人間を食べることの是非は排除される。

しかしながら、極限状態に於いては（もしくは、発表時期を考え、もっと幅を拡げて、たとえば戦争状態としてもいいのかもしれないが）、人間は、いとも容易に人間の踏み越えてはならないとされている領域を突き破ってしまう。それは、肉体を持った人間が生きるということの業《カルマ》であり、善悪の彼岸の向こう側にあり、理性によって裁けるものではない。ただひたすら、そういうもの、なのである。

にもかかわらず、大岡は、言語‐意味を手放さず、したがって言語によってのみ成立する法‐禁止に疑いをさし挟むことなく、行為を意識‐意志によって遂行している、そしてそれが、「私（＝田村）」の踏みとどまり得た倫理であり、その倫理の裏打ちに突如（西欧的な）神を提出し、「私」が倫理を遂行し得たことによって、業《カルマ》を業《カルマ》のまま凝視し担うことから逃避し、他者の根源的な傷みを告発している、人間の業《カルマ》に対して言語の優位を誇っている――もしかして、武田は、大岡の文章にそうした権力の臭いを嗅ぎ取り、それに対して苛立っていたのであろうか。

だが、武田自身もまた、言語‐意味のなかに文章を置いている。二部構成になっている『ひかりごけ』の前半では、実際の事件における船長の証言を退け、食人のために殺人を犯したという警察の見解を（小説中の郷土史家S君の記述という形ではあるが）強調しているように受け取れる。これによって、最初に武田が敷いた設定、すなわち、単なる殺人よりも食うためにやった殺人の方が罪が重いが、単なる殺人と、殺人はやらないで自然死した人肉を食べることではどちらが重いかということは、比較できないほど難しい問題だ、しかし一般には食人はおぞましいものだと受け取られているという設定と、そこから始まって、実際に起こってしまった食人をどう思考の中で処理していくのか、端的に言って罪とは何か、裁きとは何かという問いかけにたいして書いたはずの架設空間である戯曲を、弱いものにしてしまっている。戯曲の船長は、最初殺人をやらないで、死んでいったものを食べ、そしてその発展として、食べるために少年を殺す、という段階を踏ませているのは、読むものにある方向性をもたせてしまっているのではないか。

また、後半の戯曲では最後に残る少年を「美少年」にわざわざ設定しているのは、なぜか。これでは、劇中の極限状態における食人という行為に、生きるために食べざるを得ない、人間の業以外の意味の読解を、呼び込んでしまう。つまり、美しく愛おしいものを食べることによってのみ実現する究極の性愛＝同化の行為を想像させる手掛かりをすら与えているのだ。舞台空間の彼方で暗示される、船長による少年の殺害と食人は、ト書きに指定されたアイヌの熊祭りの楽曲によって浄化され、聖性を帯びる。

さらに、先に死んだ船員の死体を食べるかどうか、というとき、固有名でもなく、死体でもなく、「おら、五助さ喰いたくはねえ。うだが、あの肉はときどき喰いたくなるだ」（傍点原文）と言わせている。

こうした夾雑物を、思考実験である戯曲部分に挿入させることによって、すべての人が担うべき業《カルマ》を、理性で裁断される善悪の彼岸にあるはずの業《カルマ》を、むしろ武田は、意味の体系に組み込んでしまっている、とも思えるのである。

ともかく、『野火』の主人公は文明人の気取りで人肉を食わない、という武田の一文に対して、大岡自身は、一九七三年の講演でそれは明らかに誹謗である、と述べている（「人肉食について」『大岡昇平全集』第一三巻、中央公論社、一九七四年）。小説の最後で「あらゆる男は人食い人種で、あらゆる女は淫売だ」と書いたが、人間は全部『ひかりごけ』の傍聴人のように人肉食いをする可能性があり、しかし、おれは食わないんだという倫理的選択として書いたつもりなのだ、と。

「私に人肉食いの経験があったらばたいへんなんで」あれは自分の経験ではなく、俘虜収容所にいた時に聞いたいくつかの話をもとにしたものであるという。実際に聞いた話のなかで、ある准尉が死ぬときに「みんな、おなかがへっているだろう。おれが死んだら、おれを食べてもいいよ」といって死んだというのがある。遺言通りに食べたか、食べなかったのかは、話はそこまでであとはない。

（……）そういういろんな実話をつなぎ合せて、どうしても食べない、その決意を貫くことができるか、できないか、あるいは人間は一人ではそれだけの我慢はできない、何かたよるものが必要になってくる、そこで神様が出て来るという設定にしたわけです。

そういう自分の倫理的選択で食べない主人公を私は考えたわけですけど、それまでに私の読んだ記録には、それはなかったんです。事件の性質から、食べたという記録はあるけれど、食べなかったという記録はないんですが（……）

そして、時代や文化形式、状況などの異なる多種多様な人肉食の例を挙げて人類史では動機も形態もさまざまで簡単には片付かないが、とにかく嫌なことという概念は一般的だとしたうえで、極限の場合において、いざその場になったら食べるか食べないかの境目におかれた人間には、やはり倫理的選択が課せられると思うと書く。人間の条件に最初から備わった矛盾なのだ、というのである。

結局、われわれは人間の肉を食ってもいいのか、悪いのか。結論は一つでなければならないはずだが、この場合には答えは二つあるように思われます。（……）われわれの法律は殺人を禁じ、人情も感覚も、われわれと同じ肢体を持った人間を食うことを拒否します。ところが飢饉や難破船やアンデスの航空機事故で、食人が起ってしまうと、法律も宗教も「しないでいられなかった」こととして事後に限り許容するのです。二つの矛盾した処置がある以上、答えは二つにならざるを得ないのではありませんか。「しないでいられない」ことを人間に具った悪と見るなら、それはキリスト教の「原罪」に導かれるでしょう。

私は『野火』では、食べない方を選択した主人公を選びました。それはミンドロ島の戦友の場合――よりきびしくない段階ですが――人によって相違がある、という事実から導き出された考えでした。そして、選択を貫くためには、神のような超越的存在の保障が必要で、さもなければ気違いにならなければならない、としました。こんど『レイテ戦記』では、飢饉に似た状況になったレイテ島やルソン島の場合について、もう一度考えました。（飢饉に似た状況になった『レイテ戦記』では＝引用者）この方はドキュメンタリイですから、どっちでもいいという立場を取りました。ほかにしようがないからです。

この大岡の文章だけでは、読み取りようによっては些か言い訳がましく、戦争で聞いた噂話をもとに、人肉食を検体として倫理的なものを仮構の小説として実験してみた、というふうにも響いてしまう。ともあれ、歴史的に人類にはさまざまな形態で纏《まと》わりついていた人肉食ではあるが、食べる食べないは倫理の問題である、という。そして、仮にそのような選択が必要な状況におかれた時、自分は食べないという選択をする、しかし、食べた人間も食べなかった人間も容認する、というものである。『野火』の場合、究極の選択を迫られる極限状態に追い込まれたのは、避けられぬ災害や事故ではなく戦争、それも極限状態に至る迄にはあらゆる無謀な意図を持った作為の経過があり、それぞれに責任が問われるべき経過の果てであったことは、あからさまな形では問われていない。つまり、端的に言って、国家が法として禁じた殺人を国家が自らを例外として殺人をし、殺人を命じるとき、法とは何か、ということは、直接に問われてはいない。そのことは、全く構わない。だが、「私は食べない」という倫理の根拠が、どこにあるのか、「私」の根拠はなになのか、大岡の講演文章だけでは不明確である。

……いや、それで「正しい」のだ。

おそらく。

大岡の弁明がどうであれ、根拠なき〈わたし〉を根拠にする倫理の在り方、を言語で表現しようとするときの軋《きし》みを、わたしたちは聴きとろう。

＊

分子生物学者の福岡伸一は、消化管でのタンパク質‐アミノ酸分解の過程において、タンパク質分解酵素トリプシンの動作をモニターする分子の存在を仮定した。その分子は、トリプシンによってたやすく分解されてしまう性質と、情報を伝達するホルモンのような性質の両方を持つはずである。ラットから採りだした膵液《すいえき》を使ったバイオアッセイ（生物検定）により、この分子――消化管内という内なる外でその環境をモニターしつつ、情報を伝えて円滑な消化を促すホルモン分子――の存在を実証し、モニターペプチドと命名する。モニターペプチドは、消化管の表面にある特別なレセプターに結合して情報を伝達し、レセプターは細胞のなかに別の信号を伝え、この細胞はＣＣＫ（コレシストキニン）というホルモンを血液中に放出する。ＣＣＫは膵臓に達すると、刺激して消化酵素分泌を促進させる。福岡によると、ＣＣＫは短期的（分オーダー）では消化酵素分泌促進を、中期的（時間オーダー）では遺伝子発現、特に翻訳レベル（ＲＮＡからタンパク質合成）を調節して消化酵素の生産を促し、長期的（日オーダー）では、トリプシン遺伝子そのものの転写レベル（ＤＮＡからＲＮＡの生産）を活性化する、という結果を得た。つまり、食事のなかのタンパク質は消化管で消化酵素によって単に分解されるだけではなく、その過程で情報が検出され、変換されて、生体にさまざまなレベルで適応を引き起こすので、栄養学的に同等であってもタンパク質をそれに相当するアミノ酸混合物に置き換えると、モニターペプチドのシステムは作動しないことになり、一連の適応的な反応が惹起されないことになる、という。福岡は、かれのモニターペプチド仮説から導き出される推論から、消化の生物学的意義を次のように叙述する。

食物としてのタンパク質は、その起源が牛や豚、鳥などの動物性タンパクであるにせよ、大豆や小麦に含まれている植物性タンパクであるにせよ、それがもともと他の生物の一部であったことに変わりはない。そして、それらのタンパク質はその生物体内で個々に特有の機能をもっていた。タンパク質の機能は、そのアミノ酸配列によって決定される。つまり、アミノ酸配列は情報を担っている。しかし、他の生物のタンパク質情報は、捕食者にとっては必要がないばかりか、有害ですらある。なぜなら、外部から入ってくる情報はノイズとして、自らの情報系に不必要な影響をもたらすからである。したがって、消化とは、食べ物を吸収しやすくするため細かくする、という機械的な作用よりも、もとの生物がもっていたタンパク質の情報をいったん解体して、自分の体内で自分に適合した形で情報を再構成するための出発点を作る、という重要な意味をもっているわけである。これが消化の生物学的意義である。

この情報解体のプロセスが十分でないと、本来、別の生物がもっていた情報が自分の身体に干渉することになる。

（福岡伸一『もう牛を食べても安心か』文春新書、二〇〇四年）

動物の消化システムは極めて多種類の消化酵素を用意して臨戦態勢を敷いているが、その関門をすり抜けてやってくる「負の情報」（経口感染媒体やアレルゲン）が存在する。タンパク質のもっている情報、すなわちアミノ酸配列は、近縁種であるほど近い。したがって、人肉食に対する生理的嫌悪感の由来に生物学的根拠を求めるとすれば、他者の情報の干渉を直接受けることに対する恐怖から来ているのではないか、と福岡は述べている。

この福岡の議論を検討する力量はないが、摂取交配のような現象は自然界に未だ認められていないことから、少なくとも、プリオンのように特殊な異常タンパク質が影響を及ぼすとしても(*-2)（パプアニューギニアのエスニックグループにみられた、食人による脳プリオン感染が原因で罹患したクールー病など）、他者の遺伝子の核酸がそれを摂食した個体の遺伝子に作用することは考えにくいし、ましてや生殖細胞になんらかの影響を及ぼすとは想像しがたい。したがって、人肉食忌避に対して、（分子レベルでの）生物学的根拠を求めるのは、些か無理があるのではないだろうか。

いや、そもそも、肉食及び雑食動物の多くは、類縁種どころか同類を捕食することもある。人間に近い類人猿である、雑食のチンパンジーは、ヒヒやアカコロブスといった霊長類を捕食するし、場合によっては同類、特に乳児を食べる。太古の人類が、主として高タンパク質・高栄養摂取及び人口調節のために、投入コストとエネルギー効率が見合った場合、同類を食べなかった、と想像する方がむしろ極めて困難である。人肉食忌避という前提そのものが、生物種としての人類に普遍的なものであるかどうか、非常に疑わしい。

集団戦闘時の敵や、逆に同族の死者、祭祀における犠牲者などを習慣的に食べるといった食人の風習は、世界的規模や歴史的規模で見ると、さほど珍しいものではない。さまざまな意味づけをされ、集団の文化に組み込まれたものであり、むしろ、社会化されたものであるといえる。(＊-3)また、非常時にあってはなおさらで、世界各地で、飢饉や籠城の時など、肉親を含めて、人間を食の対象としている。日本に於いても、たとえば、天明や天保の大飢饉の時、牛・馬・鶏・犬などを殺して食し、(＊-4)雑草や、草木の根、樹皮も食べた。食べるものがなくなると、藁筵《わらむしろ》までも食べた。身内が亡くなると、その肉を喰い、また、それを近所相互で交換した話もある。犬や、牛や馬の肉だと偽って、人間の肉を売る、という話もたくさん残っている。

おそらく――人肉食禁忌になんら根拠はなく、人肉食禁忌そのものも、形式(法《ノモス》)の問題、である。つまりは、根源的な、おぞましい悪でもなんでもない。

世界には、あらゆることが起こりうる。

起こってしまっている。

わたしたちは、そこに生きている。

換言すれば、善悪は、言語＝形式によって決定されるのである。

『野火』の「私」は、疑念を懐きながらも戦友(永松・安田)に差し出された「猿の肉」を喰い続け、そして「猿の肉」がなにものであるかを知ったとき、従容として、その事実を受け入れる。

が、しかし、永松が安田を殺害し、こそげ取られた安田の肉を前にしたとき、激しく嘔吐する。

嘔吐。

身体の欲望を、身体が反抗する。

この嘔吐は、人肉食そのものを問うているのではなく、「安田の肉」をほかならぬこの「私」が喰うこと、を「私」が「私」に問うているのだ。

言語で抑え込まれ、言語によって構築された法が失効したとき、なおかつ、いかにして、あるいはどこに、倫理を架設しうるか——『野火』で闘争されているのは、剝き出しになった世界と、ほかならぬこの私、言語に拠ってしか思考し得ない、しかしまごうことなく肉体を持ったこの私との関係にのみ在る、倫理なのである。

＊-1　当時、南方戦線等では、飢餓に窮した日本兵が、敵兵の死体ばかりではなく、同僚の死体まで食していた。困惑したニューギニア第一八軍司令官安達二十三中将は、人肉をそれと知りながら食したる者は、最も人道に反した者として死刑に処す（但し敵の人肉はその限りにあらず）という「緊急処断令」を出した。これは、ある意味、現状追認的なものであり、矛盾と恣意的な解釈をいくらでも呼び込める、まさに緊急令といえよう。
＊-2　もっとも、本書を書いた時点では、福岡はプリオン仮説に疑問を呈しているようだ。
＊-3　人肉を食材として扱い、料理法まで洗練させる場合も、真偽のほどはともかく、多くの事例があるが、いわゆる文化形式ないしはある社会の習俗として捉えることはできず、ここでは触れない。

＊－4　ここでは展開しないが、確かに天武天皇の代から肉食禁止令が出されているものの、仏教の影響で日本では獣（哺乳類）肉食をしなかったというのは、虚偽である。牧畜をするための土地効率を考えれば、日本では牛馬を食の対象とするために生産する余力はなく、労働動物として飼育する方がコスト・パフォーマンスが良かった。農民にとって、牛馬は、生産手段として大切な財産である。したがって、食肉を目的とした牧畜が発達しなかっただけであり、実際はさまざまな形で獣肉を食べている。因みに、栄養失調状態には、エネルギーは足りているがタンパク質が欠乏している状態（クワシオルコル）と、両者とも欠乏している状態（マラスムス）がある。いずれにせよ、タンパク質は成人になっても、日常的に必要不可欠な栄養素である。すなわち、人体は恒常的なものであってエネルギーがあれば機能する、というわけでは全くない。

※第五清進丸の事件については、合田一道の一連の著作等を参照した。

5　ふるさとに似た場所

（……）その時私は自分が歩いている場所を再び通らないであろう、ということに注意したのである。

もしその時私が考えたように、そういう当然なことに私が注意したのは、私が死を予感していたためであり、日常生活における一般の生活感情が、今行うことを無限に繰り返し得る可能性に根ざしているという仮定に、何等《なんら》かの真実があるとすれば、私が現在行うことを前にやったことがあると感じるのは、それをもう一度行いたいという願望の倒錯したものではあるまいか。未来に繰り返す希望のない状態におかれた生命が、その可能性を過去に投射するのではあるまいか。

「贋の追想」が疲労その他何等かの虚脱の時に現われるのは、生命が前進を止めたからではなく、ただその日常の関心を失ったため、却《かえ》って生命に内在する繰り返しの願望が、その機会に露呈するからではあるまいか。

（大岡昇平『野火』傍点原文）

敗北が決定的となったフィリピン・レイテ島で、結核のため「私」（田村一等兵）は、部隊を追放され、原野を彷徨うこととなる。林の中をひとり歩きながら、彼は、ある「奇怪な」観念にとらわれる。「この道は私が生れて初めて通る道であるにも拘《かかわ》らず、私は二度とこの道を通らないであろう」（原文はすべて傍点）という観念。色々な点で故国の木に似ているという闊葉樹《かつようじゅ》は、「私」（田村）が来る、来ないにかかわらず、こうして立っていたであろうし、いつまでもこのままでいるだろう。

　これほど当然なことはなかった。そして近く死ぬ私が、この比島の人知れぬ林中を再び通らないのも当然であった。奇怪なのは、その確実な予定と、ここを初めて通るという事実が、一種の矛盾する聯関として、私に意識されたことである。

死を予感しているからこそ、すなわち、「可能性」がもはやないからこそ、再び来ないということが奇怪と感じるのだ、と「私」は思う。「してみれば我々の所謂生命感とは、今行うところを無限に繰り返し得る予感にあるのではなかろうか。」

繰り返しの不可能性。

　かりに（まさにかりに、であるが）精神がなんらかの高処——あるいは永遠への憧憬にむかって飛翔しようとしているにしても、その精神の運動の根拠たる肉体そのものは死への駆動をビルトインされている——肉体は損傷する、汚辱に塗れる、老いる、毀損する、消耗する、歪む、弛緩する、脱力する、さらばう、崩壊する、欠如する、消尽する……肉体への外的侵入――ウイルス、薬物、ナイフ、銃弾、物理的衝撃……内的叛乱――狂気、癌、機能不全……。生の中に死が孕まれているのではなく、むしろ、死の中に生が孕まれているのだとすれば、日々の闘争は（たとえ意識されないにせよ）眠りというかたちで死を少量服用（ヴァージニア・ウルフ）しつつ、個体においては一瞬一瞬滅びてゆく肉体と精神との闘争からまずははじめられている。日常の行為そのものは繰り返し可能であるとしても、肉体はすでに裏切っているのだ。敵襲は内部から来る。〈わたし〉のからだは、徐々に死んでゆく……その過程に〈わたし〉はある。

だが、当然のことながら、「死ぬのはいつも他人ばかり」（マルセル・デュシャン）なのであるから、自らの死は、決して経験できはしない。あらゆる生は、引き延ばされた死刑執行宣告という脅迫下におかれているにもかかわらず、である。「〈わたし〉は生きている」ということはできるが、「〈わたし〉は死んでいる」ということはできないことは、誰でもわかっている。「死ぬ」という動詞は、「生きている」という形容詞と「死んでいる」という形容詞の狭間にある境界線を跳躍する行為を表す。しかし、その跳躍を行為する主体そのものは（おそらく）境界のこちら側での形容詞でしか自らを叙述できず、したがって、「死ぬ」という動詞の現在形はなんらかの観察者、第三者のものでしかありえない。

にもかかわらず、〈ひと〉が死ぬというのではなく、〈わたし〉が死ぬ、ということを、しかも「近く死ぬ」という断定形（もちろんそれは確実な予感としてであるにしても）で「私」は語る。

それは、病の進行に対するなんらかの興味というわけでもなく（「病気は治癒を望む理由のない場合何者でもない」）、飢餓の苦痛というわけでもなく、繰り返しの不可能性を感じたとき、つまり、歩兵にとっては本来必要の一点から見なければならないはずの自然を、したがって無意味であるべき自然を恍惚に近い歓喜で眺めえたとき、死が近づいた確実な微であると思うのである。

ところで、ひとは観念で死を意識できるものだろうか。

無論、敗戦の色濃い戦場であるから、死はより近しく「日常の光景」として位置している。ほとんど実戦の経験をもたないまま、喀血のため本隊から放逐された「私」にしても、（放逐――見放され、見捨てられ、追いやられること――本隊という自分の居場所、拠り処、そこからの離脱、話しかけ話しかけられることの喪失、見通しのなさ、社会的な小さな死！）事情は同じである。同じく見捨てられた敗残兵たちの死の目撃。屍体。屍体を見るということは、しかし、自分の死を凝視し、覚悟するということには直接に繋がりはしない――自らがなにものか、もっといえば単なる物体に変わるという認識はあるにしても、それ以上の意味はもちえない、と思う。

今それを記述しようとして、私がいかにそれを「見て」さえいなかったかを知る。怯《おび》えた兵士として、初めそれを認知しなかったばかりではなく、認知した後も、眼《め》はその細部を辿《たど》ることが出来なかった。まずそれを屍体と認めた眼は、既知の人間の形態を予期しつつ、その上を移動したが、眼は常に異様な変形によって裏切られたのである。
大岡は別のところでも屍体の描写について書いている。

> 私は今ここにこれ程毀損された人体の状況を記述する筆を持たない。第一私が彼等を見ようとしなかったからでもあるが、たまたま否応なしに私の視野に入った奇怪な姿も描こうとは思わぬ。（……）しかもなお彼等の悲惨を描き続けるとは、取りも直さず彼等を侮辱することにほかならない。
>
> （大岡昇平『俘虜記』新潮文庫版）

『野火』の「私」も『俘虜記』の「私」も、屍体を見ようとはせず、また見てさえいなかった、そしてたまたま視野に入るものも描写しようとは思わないという。見よう（あるいは見まい）という意志とは無関係に繋留された視線と言語との乖離。それは、当然のこと、屍体に対する嫌悪ではなく、また、かつて人間であったものが物体と化してしまったことに対するなんらかの虚脱感、はぐらかされといった驚きに満ちた違和感とも少し違うものであろう。おそらく、どのような保留が付けられているにせよ、彼は見ていた、そして、見ることによって、ある恥辱を感じていたように思う。ある恥辱。いやでも眼に入ってくる、風景に溶け込み、風景の一部になった屍体。予期しなかった無感動。屍体となった、物体を描写すること、描写することによって文章の優位を誇ろうとしてしまう非礼。言語によって、なんらかの「死」を理解したような気分になってしまうことに対する節制。とりもなおさず、それは、屍体を見るということが死すべき自分の死を体験することには決してならないという、繰り返そう、「死ぬのはいつも他人ばかり」だ、「われわれ」の運命、「われわれ」の死はありえない、当然のことの確認である。かれらの死はかれらに戻さなければならない。いま、ここに生きて在る人間は、かれらの死について何ら解釈する言語を持ちえない。

　およそ表現が死へ向かうただ一個の存在を、その存在の在り様を描くことは不能であるという孤独さのなかに踏みとどまりつつ、しかもどのような表現も世界に関与しようという試みにもかかわらず世界を変えはしないという至極単純な事実に目を向けながらシニシズムに陥ることなしに、なお表現していくとはいかなることか。どのような切り開きへの期待を励みに自らをささえればよいのか。いやむしろ、切り開きへの期待を夢想することなど、放棄しなければならないのかもしれない。個々の抱く、分断され、貶められ、名付けられ、剝奪された屈辱、苦痛、それでもとり縋ろうとするなにものかへの願望のせつなさ、それらをみせかけでなくして共有することは出来ないし、まして代弁することなどできはしない。それでもまだ、自らに拘《こだわ》りながらも、共苦しようとする闘争の方向へと姿勢を向けることは成り立ち得ると思われる。無前提の「われわれ」から「われ」に一旦立ち戻り、存在を「　」に入れてしまう企みから身を退け、混乱し、身体を開き、曝《さら》しものにし、怯え、不安定になり、たじろぎ、愚鈍に晒され、どもり、不恰好になり、釣り合いを失い、はぐらかされ、すれ違い、しかし執拗に、異質なことばを発すること。

したがって、屍体の目撃を担保にすることから死の脅かされを語るのではなく、繰り返しの不可能性の認識から自らのものとして死を確認する、逆にいえば繰り返し得る予感があるということが横溢する生命の証左であるという、一見観念的すぎる、それゆえなにかしら奇体な大岡の表現の在り方は、大岡なりの苦闘のあらわれと考えてよいように思う。この観念的すぎるように見える表現は、屍体を対象とした場面に遭遇したときに「とるべき」「とらざるをえない」身振りから身を引き剝がし、観念を弄ぶように見せ掛けながらきわめて律儀に、生真面目に、屍体などという道具立てを契機にすることなしに「死」を、あるいは「生」を言語化しようとする試みなのである。言い換えれば、戦場という異常な条件下におかれた田村一等兵という「私」の経験が問題なのではなく、それは『野火』という作品において選択されたたまたまひとつの状況の在り様にすぎず、「わたしたち」＝読み手の日常、異常ではないかもしれない日常のなかであらためて読まれるものだろう。極限状態ではない、ありふれた日常（……しかし、極限状態とはいかなるものか）。なにものかのせいではない、日常。なにゆえという原因なしに、あるいは真昼の只中、不意にたち現われる、疲労感。

繰り返しの不可能性。

繰り返し得る予感。

繰り返し……わたしがなにものであるか、問われないこと。……であるわたし、を演じ続けること。演じていることの意識のなさ。中間点に常にいること。なぜ、このようなことをしているのか、についての問い返しの欠如。わたしがいま行なっていることは、明日も行なっているであろうし、それは予測の領域のなかに囲い込まれていること。いま触れようとするものの手ざわり、感触、輪郭、重さ、温度、匂い、そうしたものが驚きという不当な快楽の喪失と引き替えに、黴臭く馴染み深いものとしての安心を与えてくれること。利用可能な定式。確固とした座標系。ありふれたもの。ありふれた、日常……。

だが、極限状態、というのがどういうものであるのかわかりがたいように、ありふれた日常などというものもまた諾《うべな》いがたいもの、ひとつの幻想であろう。中間点に常にいること、というのは、定点にとどまることではないからだ。生において、軌道は直線ではない。曲がりくねり、折れ、踏み破られ、切断され、継ぎ接ぎされ、あるいは野太く緩やかに、あるいは切迫し差し迫り、急速に、分岐し、合流し、渋滞し、立ち止まり、輻輳し、なだらかに、息急き切って、迸《ほとばし》り、淫し、飛散し、そして突然途絶える。だからこそ、人は、ともすれば、繰り返し、安定感、座標点、拠り処を恋うのではないか。

そしてまた、それがいわば恋であるかぎりにおいて、繰り返し、安定感、座標点、拠り処、そういったものは、この〈日常〉の中にはありえないもの、しかしありえた（はずの）ものとして、追憶のなかに求められるのではないか。

繰り返しの願望とは、「日常に関心を失ったため」露呈する生命に内在の繰り返しの願望とは、ある意味では倒錯した、日常 - 現実への執念である。

類型的に構成された体系をもち、ほとんど自明視された生活世界のなかで課せられた役割を担っており、ある規範に則った〈わたし〉の行動は〈他者〉にとっては理解可能であり、また〈他者〉の行動も〈わたし〉には読み取れるはずが、なんらかの拍子にふと違和を感じ、その都度ことばがずれてゆき、〈わたし〉がそうであると思っていた存在が眼前にあるそのままのものではないのではないかという不安、〈日常〉と思っていたものが他人めかしてはぐれていき、ひとり投げだされたような頼りなさ、皮膚に触れているものが勝手におかまいなくずれてゆき、それが自分のせいなのか、なにかわけのわからないちからが作用しているのか考えるすべもないまま茫然と佇むとき、なだらかな時間を取り戻したい、少なくとも〈現実〉(とはなにかということは、ひとまず措こう)と折れ合って「生活人」としてともかくもこの生を辿りつづけるためには、自分を肯定し受け入れてくれる場所が必要とされることがある。

馴染んでいたつもりの風景に亀裂が走り、日常 - 現実を踏み外した人間が遠い視線の彼方に、時の水平線をこえたところに視る澱《よど》み、茫洋とした、懐かしい、現実をまろくつつむもの、すべてを許し得る子宮の撓《たわ》み、壊乱を回収する場所、すなわち、ふるさと。それが、繰り返しの願望が帰り得る場所のひとつである。

わたしがいる場所、とは異なった場所。ここではない場所。生まれいで、帰りきたる場所としてのふるさと、出発点であり、帰着点としてある（と設える）ふるさとは、逆にいまここに在ることを「途上」とするだろう。死による中断が生の帰結なのではなく、生をどこかの場所に終幕をもつ演劇というかたちで押し込めてしまうだろう。いずれは迎えることを予想した老いの場所として。

ともかく。

座標系の原点としてのふるさとは、〈わたし〉の視線の取り方、〈わたし〉の姿勢、〈わたし〉のことばの選択の地殻を定める。同時に他者のそれを読み取り可能にし、予測の手がかりをあたえ、状況を検証済みの様式のなかでパターン化し、それに対するわたしの反応の在り方もいくつかの選択の範囲で決定づける。それを保証するのは、伝統や、慣習、制度の在り様に舗装された行動の通路である。個々人の日常の生活はそのいくつかの通路を進行している。信号や標識の配置とその意味、流れの速度を決め方向付け整理するもの、進行表、そうしたものの認識と合意形成があると想定されており、たとえ予期しない衝突や事故や新しい事態が起こったとしても、それらは互いの合意のもとでの形式に則って処理される。〈わたし〉はその通路のうえを安心して進んでいけばよい。どれが滑稽で、どれが皮肉で、どれが嫌味であるか、という識別はされるし、争いのスタイルや言い回し、収拾の付け方もわかりあっている。

外部からやってくるものや他者の行為がある規範、ないしは様式にそって理解され、また自らもその与えられた形式の圏内において行為することが通常であり、またそれが内面化されているという人間関係が設定され得るには、他者と時間や空間の一画を共有しており、ある程度共通の利害関心を持っているという条件が前提とされる。たとえば、少なくともアルフレッド・シュッツなどはそういっている。そしてそれが「故郷」の生活なのだ、という（「帰郷者」『現象学的社会学の応用』桜井厚訳、御茶の水書房、一九八九年）。

それが、生まれ育ったということ、そのためにそうした関係の在り方を、意識で捕捉されることのない肉体の動きとして内面の中に埋め込まれるほどに、密度の均質で高い場所に置かれるということとの安心、わかりあえる、理解し得るという安心の所在地である。たしかにわかりあえる、理解し得ることはどこにおいても厳密には不可能であり、その安心は錯覚の所産にすぎないのであるが、形式内の行動であれば摩擦の頻度は低いのであり、安心とは錯覚であろうがなかろうがきわめて〈わたし〉の領域の安定の感覚に属するものである。

これまでもそうであったように、これからもそうである（であろう）こと、そうしたことが仮定されていること。

そのためには、〈わたし〉は、たとえば家族、たとえば職場、たとえば行きつけの酒場、教室、病院、集会、教会、サークル、その他なんでもいいのであるがとにかく「社会関係」のなかに、変数としてではない、継続的かつ定まった座標点をもたなければならないだろう。その系における〈わたし〉のポスト、上下関係の網の目のなかでの位置付け、付き合いの程度、ある場合にはその系のなかで〈わたし〉が期待している獲得目標、それらが自己のなかで明らかであり、ある程度〈わたし〉ないしは〈わたし〉を含めた他者がその座標点に相応しく類型化されるということがなければ、〈わたし〉は、そのような仮定をとうてい受け入れることはできない。

しかし、それならば、先に引用したパターン化された「故郷の生活」とは、〈わたし〉がここで生活して居るのだと思える場所、さしあたり時間的に長く持続している拠点地が、そのため継続的な対面関係の網目が織られている場所が故郷ということになる。つまり、故郷は出発点、あるいは帰着点でなくともよい。〈わたし〉がずっと居つづけるつもりの「居住地」でかまわないわけである。もちろん、先のシュッツは、軍隊というある意味で特殊な社会集団に短期に属していた、それゆえ「故郷の生活」から切り離された人間が帰還したとき遭遇する故郷（home……本国、故郷、家庭！）のよそよそしさについて分析を試みたのであるから、この場合、故郷とは出発点であり、帰着点であると前提されていてよい。そうではなくて、ここで問題にしたいのは、シュッツのいう故郷の生活を押さえたうえで、なんらかの限界、繰り返しの不可能性を感じたときに、戻りたいと思う場所があるとして、それがなぜ「ふるさと」なのか、ということであった。

繰り返しが不可能であると感じるときは、つまりは、死がそのおぞましさをもってたちあらわれ、迫ってくるときである。死は、なにも肉体の終結である場合だけではない。剥奪された名誉、見失った人間関係、失職、閉ざされた希望、身近なものとの別離（それはかりに可愛がっていた猫の失踪や死であってもいいし、CDデッキの回復不能な故障や気に入っていたイヤリングの紛失でもいい)、地盤崩壊、〈わたし〉の一部が壊れてゆく、〈わたし〉が徐々に死んでゆく……。

回転扉のように押しても押してもするりと逃げてゆく現実。

〈わたし〉はいまここにはいない……

もしくは、まるっきり逆に、なしくずしの死——新しく切り開かれる希みの失われたまま繰り返される日常、繰り返されているようにおもえるのはただ実体化した行為だけで、〈わたし〉は古び老いてゆき、しかも繰り返されている行為もその都度微妙にずれ、歪み、眩暈のなかで薄闇に沈む。

正午の思想を確たる歩みに踏みしめることをすぎ、倦怠のまにまに疑念をさし挟むことすら忘れ、ただ翳りゆく陽に身を預けながら馴《な》れ倦んで微睡《まどろ》む。だが、ほとんど永遠にさえおもえた昼下がりの穏やかさは、いつのまにか冷ややかさを帯び、黄昏へと退いていく。黄昏の光は闇を孕み、闇を打ち破って射し込める黎明の光とは決定的に異なるがゆえにいっそう、その大気の湿度、温度、明度の類似が黎明の燃えゆく直前のよわよわしさをよわさということにおいて肯定させる。

老いた人間がこどもに喩えられるのは(こどもに還る!)、「現役」という継続的であり社会的な場所を退いた人間が最終的にたちかえる緘黙《かんもく》の邪気のなさが、「現役」の観察者(=他者)にとってはなにかしらおぞましく不気味であることも、その理由に隠れているのではないか。それは生理的で不可逆な老いによる(関係の、関心の)もはや取り戻しのつかない喪失への当事者でないがゆえになおさらいっそうつのる怯えが、予想され得るかぎりのみずからの辿る行く末(=

消失！）として認めることから目を背け、こどもがそのうちにもつ昏さ（それは、言うまでもなく明けてゆく可能性に満ちているものだが……）とおなじものとしてみようとする。

出発点と帰着点。

子宮の仄昏さと屍棺の昏さとに類似をみつけようとするのは、繰り返すが不可逆の航程にある人間の未知でしかありえない最終ターミナルからの退嬰の結果なのであるということもできる。だが、いうまでもなくわれわれの帰着点が知りえないものであり、すべては予感にすぎないものであるように、揺籃の安逸は、覚醒時の意識には浮かびあがることなく、実はそうとおもえるものはただあとになって捏《ね》りあげられた甘やかな幻にすぎない。それがたとえ認識のすべを持たない幼児であり、また、幼児であるからこそことの埒外におかれていたとしても、揺籃の背後にはたとえば両親の不和、不在、葛藤、怒鳴り声、督促状、家計の逼迫、家族の病気、突然の災害、与えられなかった玩具、果たされなかった遊園地の約束、望まれなかったゆえの愛情の欠如、おそらくそうしたものがあってもおかしくはなかったのである。それらがすべて、忘れ去られたわけでは決してないのだけれども、こどもの頃に帰りたいなどともしおもうときがあるとすれば、こどもの頃ということばのある種の抽象性に幻惑されて、ただこどもの楽しさ、無邪気さだけが、その邪気のなさの無残なさまはとり残されたまま、想いだされるのだ。それは、こども時代が〈いま／ここ〉にはないからであるといえよう。あるいは、〈わたし〉はそこにはいない。

ふるさともそれに似ている。ふるさとは、〈わたし〉が不在であるかぎりにおいてのみ、ふるさとたりえるのである。帰りたいとおもう場所、繰り返しの可能な場所、それは場所ではあって、しかし、地理上の緯度・経度をもった場所ではありえない。それは、時間軸の彼方に設定された〈場所〉――追憶という濾過作用によって浄化され、もしくは浄化されないまでも、フィルムに焼き付けられた風景のように固定され、画面に出る文字がＤＶＤに落とされるとき、それ自体意味を齎《もた》らさない数字に置き換えられるように、ノスタルジーという装置を通してアナログがデジタル変換されたもの、いわば、もはや決して運動し変成してゆくことなく、ただ羅列だけが沈黙のままとどまっている虚構の場所である。したがって、地理上の緯度・経度をもった場所としてのふるさとに、帰ることのできる場所としての期待をもって帰還したものが、その期待を裏切られ、よそよそしさで迎えられ、ちぐはぐさに戸惑い、打ちのめされるとしても、ごく当然のことなのである。

このようなことは、つまり〈ふるさと〉は変化しないかぎりにおいて、記憶のなかで佇んでいるかぎりにおいてのみ、懐かしいものであるということは、ここであらためていうまでもなく、だれしもが知っていることであり、また、さまざまなことばを持って語られてきている。

たとえば、西谷修は、このように書いている。〈ふるさと〉とは、外界に対応物をもたない表象であり、それに対応する現実が失われたときに、事後的に喪失のアリバイのようにして形成されるものである。それは充足した母胎のような環境として思い描かれるが、帰ることのできる場所ではない。

（……）それは回顧的に捉えられた「私」の生成の現場だからだ。「帰る」という行為は、その生成の現場に働くベクトルとは逆向きの行為である。生成の場面では、すべてが生いはえ、絡み合って育ち、無意識の世界のようにすべてが「生いはえる」ということにかけて肯定されている。（……）その残酷な生成の現場は、自分がそこを離れるとき回顧的な視線によって、すべてが肯定される満ち足りた世界という姿をとる。だから「ふるさと」という表象はすでに〈ふるさと〉を抹消している。〈ふるさと〉とは、あらゆる〈起源〉と同じく、回顧的な視線が必然的に隠蔽する生の一次元なのだ。だからこの表象が試されるとき、表象の秩序を霧散させて〈現実〉が侵入してくる。人は外的現実に立ち会うようにして〈ふるさと〉に帰るのではない。〈ふるさと〉が「私」をなぎ倒し、〈世界〉に裂け目を作って不可能な〈現実〉として回帰してくるのだ。そのとき「もはや「私」はここにはいない」という主体の不在が「私の現実」となるのである。

（西谷修「ふるさと、またはソラリスの海」『戦争論』岩波書店、一九九二年）

だからこそ、この〈ふるさと〉は、残酷で救いのない不可能な〈現実〉である。そしてまた、近代においては「私」が「私」でありながら「私」でない、そうした「主体の抹消」状態が〈現実〉なのだ、と西谷は表現する。こうした「主体の抹消」状態、それは、よくいわれる大衆の誕生、大衆化状況におけるアノミー、個人の埋没、個の分裂・個人解体などといってしまえば簡単ではあるだろうが、それにしてもやはりなお、「あたかも人間は無根拠な夢を生きているかのように」(西谷)、「私」が「私」である世界を生きている——生きざるをえないのである。

〈世界〉が〈わたし〉にいかに無関心であり、〈わたし〉は〈世界〉にとって何らの意味をももちえないということは当然であり、おそらくは近代特有の状況などという分析やとりたてて主体といった用語を持ち出さなくとも、たとえば〈わたし〉に連なっていた三代前の(別に四代でも五代でもいいのであるが)人間が、そのひととしてどのように生きどのような苦痛を堪えつつ死んでいったのかということは、〈わたし〉にとってとりあえず未知であり無関心でありまた知りようもないことや、そうでなくともこの瞬間にさえ何人もの(何十人もの、何百人もの)人間が生まれ、あるいは死んでいっていることと、〈わたし〉はなんらの関係もないことをおもえば、ごく普通にもちうる感覚であり、こういってよければこどもでもわかっていることではある。にもかかわらず、〈わたし〉が〈わたし〉として生きたい、というよりむしろ、〈わたし〉は〈わたし〉であり〈あなた〉と取り替えることができないのだということを疑いえない前提としないでは生きることに堪ええないのは、ひとことでいってしまえば〈わたし〉の死は〈わたし〉のものでしかありえず、〈わたし〉は〈わたし〉の死を死ぬしかないという孤独さのうちに生きているからかもしれない。

〈わたし〉が死んでも、世界は何ら関心を示すことなくつづいてゆくだろう。これまでがそうであったように。

また、無神経さをあからさまに書くことが許されるならば、たとえ、世界が滅亡したとしても、もはや〈わたし〉にはそれを認識することはできないだろう。〈わたし〉は存在しないのだから。こうした感覚は、だれもがもっていながら、しかし、常に意識にのぼっているわけではないということは、記すまでもない。このようなことはそこから思考を出発する点ではかろうじてありえても、それ自体はあまりにも単純な事実であるから、何ら課題とするに値しないからである。また、〈わたし〉は、あまりにも多忙であり、いまある社会関係のなかで与えられた役割をともかくも演じ続けなければならないからであり、ときには、もしくはひとによっては、そうした多忙によってのみ、死にゆくものの孤独の退屈さを紛らわせられるからでもある。

しかしながら、一方では〈わたし〉が世界と無関係であるからこそ、倦み疲れた〈わたし〉にとっては、〈わたし〉と世界のいま一度の親愛な関係を取り戻す場所として〈ふるさと〉がたちあらわれる、ということもある。無論、親密な関係などというものははじめから存在しなかったのであり、いま一度というのは悠《はる》か幻想でしかありえないということは、すでに述べたとおりであるが、幻想であるがゆえにいっそう、他者と共有しうる基盤が設定されてもいるのである。

曖昧な言語としての〈ふるさと〉であるかぎり、表象としての〈ふるさと〉であるかぎり、匿名の〈ふるさと〉であるかぎり、匿名の無数の人間たちが匿名の夢を仮託することができる。

「おまえはなにをしてきたのだ」と問い返し、詰問し、ゆるがせ、たじろぎ慄《おのの》かせる父としてのふるさとが夢みられているのではない。「おまえはそれでよかったのだ」と受け入れ、認め、許し、許される愚かなるふるさとを夢みているのだ。〈わたし〉の果たされなかった願いが、この現実の中では生きれなかった目的が、そこでは、時の螺旋階段を永劫に循《めぐ》り、揺《たゆと》い、生の残酷な実相を覆い隠したまま、ひとを甘やかに召喚している。

〈わたし〉がおもうふるさと。他者が持つ記号としてのふるさと。そして、〈現実〉のふるさと。実在の（地理上のどこかの地点というほどの意味での）ふるさとが、記憶という装置を通過して個的なものを削ぎ落とされ、具体的な名辞を剝奪され、ただひとを産みだし、育んだ場所をあらわすことばとして〈わたし〉の中で手懐《てなず》けられる。個々のふるさとは、大文字の、名無しの、括弧つきの、〈ふるさと〉に引き寄せられ、吸収される。空中に吊されたかのような〈ふるさと〉は、〈現実〉（のふるさと）を隠蔽しつつ、分断された（もとよりされてある）ひとびとをあたかもそれが実体であるかのように、おなじひとつの児等として召喚する。

母胎なる〈ふるさと〉。

したがって、ここに、「日本人の心のふるさと」などという政治的言語が書き込める空白が浮上する。

——だが、しかし。

母胎としての〈ふるさと〉という言い回しは——誤解を招くことを怖れずにいうならば——す

でに〈おとこ〉の使用法である。〈おんな〉にとって、母胎＝子宮は、他者に侵入され、蹂躙されて、血を流し、そのことによって、外部の侵入という屈辱（？）と交換に快楽を得る器官である。〈おんな〉は血を怖れないし、血を神聖視もしない。血を流すことを、〈おとこ〉がおそらくなんらかの後ろめたさのゆえか想像するように、屈辱にすらおもうことは通常ほとんどない。なぜなら、〈おんな〉にとっての子宮など、〈わたし〉が〈おんな〉であることを特徴づけてはいるにしても、みずからのすでに一部をなす胃や膵臓や胆囊と同じく重要であり、あるいは重要であると意識されない単なる臓器にすぎないからである（したがって、たとえば強姦というかたちでそこに加えられる暴力は、たとえかりに苦痛に代わって快楽を感じたとしても、物理的な面においては他の器官に対してなされる暴力と変わりはないはずだ）。ときとして、その臓器は、快楽のやりとり、慰《い》藉《しゃ》の共有、友愛の確認、屈伏の儀、交感・交歓、といった他者との交通路になるだろう。しかし、それ自体、およびそこで行なわれる行為そのものによって他者との関係が変化するというわけではない。

なにもここで、母胎－子宮が単なる臓器の名称であることを述べたてて、過剰に（いわば、美的に）意味付与されるという、いってみればお節介さにたいして、徒《いたず》らに冷笑的になるつもりは全くない。そうしたことは、無意味であるばかりでなく、母胎神話構築にたいしてそれを本質的に突き崩すことなく、対立するかのようなみせかけの理屈を持ち出して、それらを同時に成り立たせている基盤に到達できないまま、結果として現状を保持していくにすぎないだろう。つまり、母胎神話構築も、それに対しての母胎の解剖学的所見（?）提出も、言語を巡って互いに裏返しあって母胎というものをある種の特権の場に持ち上げているのである。

であるから、〈ふるさと〉に関しても、いまさら〈ふるさと〉ということばに付与された意味が、まさに付与されたものであって、あるいは近代において風景として捏《ね》りあげられたものであることをいうために、現実との対比を持ち出してみてもしかたのないことではあるだろう。それはそうなのである。が、しかし、ある意味では、〈ふるさと〉を母胎に換喩することは、きわめて情緒的にみえながら、その実なにがしかの意図が隠されてもいることがあるのである、ということはやはり強調しておかねばならない。それは、むしろ無意識の意図であればあるほど、傷つけ痛めつけたものをやわらかにやさしげに情感を通じて個別を一般に掬いあげる仕組みを持っている。蹂躙し、翻弄し、からかい、利用し、破壊し、いたぶり、見捨て、完璧なまでに忘れ去り（「捨てられた女より哀れなのは、忘れ去られた女です」マリー・ローランサン）、しかもなおかつ、産み出し、包容し、待ちつづけ、許す存在として、「愛ゆえに聖なる、贖罪の女たち」「永遠に女性なるもの」（『ファウスト』）として詩的に、美的に讃える。そこには、ひとりの人間の顔を奪い、個々の傷みを一般症例として記録する、〈おとこ〉の遺り口が見え隠れしている。情ではなく形式をたっとびながら（それ自体は、まったく正しい）、その形式を冷静に論理化することなく、様式美に持ち込んでしまって、個人の責任の所在を曖昧にしてしまう、あの遺り方。そして、その手口を見破ることのできるのは、饐《す》えた血をおそれげもなく毎月流し、聖でもなく、永遠でもなく、平然と捨てられ、忘れ去られることに堂々とした〈おんな〉たち、〈おんな〉という烙印を押されたものたちなのである（いうまでもないことであろうが、ここでいう〈おんな〉〈おとこ〉は、その生身の性で区別しているわけでは全くないし、ことさらカテゴリー化するつもりもない）。

容易に政治的言語に回収される隙間をもっていることばとして〈ふるさと〉があるのなら、その通路を開く感傷にたいして、むしろある種のいわば鈍感さをもってもいいのではあるまいか。あるいは、われわれというかたちで戻るべき場所などない、という当たり前のことを、恥じらわず言い続ける愚かさを執拗に持つことに、おそれを抱く必要はないのではあるまいか。あまりにも、他者を傷つけながら老いゆき、滅びゆく存在の傷みに倦み果てて、人類だの、共生だの、われわれだのといったことばに必要以上に敏感になり、その感傷を装ったことばに隠されている意図に簡単にいいくるめられたり、目を閉ざしたりしてはいないだろうか、それが、なにかやさしげな振る舞いだと誤解してはいないだろうか。

（……）遠くで喇叭の声が吹き鳴らされるのを聴いた。どういう意味なのかと、ぼくは馬丁に訊ねた。かれは何も知らなかったし、なんにも聴いてさえいなかった。門のところで馬を押さえながら、馬丁は訊ねた。「どこへ行こうとされるのです？」「知らない」とぼくは云った。「ただここを去るだけだ、ここを去るだけだよ。いつまでもずっと、去り続けるんだ、そうすることだけがぼくの目的Zielを果たせるんだ。」「じゃあご自分の目的がわかっておられる」とかれは訊ねた。「そうとも」とぼくは答えた。「いま云ったじゃないか。ここを去ること――それがぼくの目的だ。」

（フランツ・カフカ「出発」）

目的Zielは、目標とも、目的地（終点）とも訳すことができる。「目的を果たすZiel errei-chen」を「目的地に到達する」と訳すならば、「ここを去る‐ここから出ていく」というのは、場所の問題であり、時間の問題とはなりえない。そうして、去り続ける「ぼく」には、ついに目的地があらわれることはないだろう。

――ふたたび、だがしかし。

おそらくはそうしたものだろう。それを受け入れること。生において、完結するものはなにもなく、辿り着くべき終点はない。かりに目的とされる地点を設定しえたとして、そこに到達しても、人生はつづく。そこがともあれ終点だったのかどうかは事後にしか評定することはできまい。すなわち、死んでしまって不在のわたしの手を離れ、まだ生きている他者に評価は引き渡されるだろう。わたしにとってはあらゆる道程が途上である。したがって、わたしが回帰するべき時はこない。わたしが回帰するべき地点はない。

――あるいはまた。

逃れ去るのではなく、官能を開かせながら去り続けること。天蓋を覆う古びて色褪せた緞帳《どんちょう》が裂け、光の筋が海を刺し通し、蒸気をはらんだ風が襟元を怖気づかせ、崩れた家屋から灰と埃に混じって感じる石鹼の匂いの仄かさ、靴底を伝わってくる石の痛み、背骨を走る地殻のうねり、露を弾き光に透ける葉脈、ゆくりなくも気づく秒針の音、うっすらと開いた唇に伝わる唾液の甘やかさ、薄く膏《あぶら》をひいた頰の火照り、乾いた手の意外な冷ややかさ、電話を通して遠く聴こえる鐘の音……それら一切を知覚し、記憶すること。もしくはことばに発すること、たとえ自分に向けてであっても。微細な差異を認め、愉しむこと。それがあとで誰かによりなんらかの意味をつけられ解釈のなかに埋葬されようとも、断じて偶然を廃棄しない骰子一擲にわたしの運動をささえる力を見いだしつつ、あらゆる期待をもたず自らは完全に忘れ去られることを受け入れながら、なおかつ遙かな果てにすべてを希み、すべてを信じ、すべてを愛し、去り続ける。閉ざすのではなく、剝出《むきだ》しに身を曝す苦痛を澱みのない笑いに絶えず変えようとつとめながら。ゆるやかに。いまここに踏み止まることと去り続けることが同じになるほど、ゆるやかに。たといどのようなものであれ、いかに堪え難いものであれ、わたしの知覚が捕捉するものは、その都度新しい驚きを齎らしてくれるだろう。おそらく。

……その時……私は自分が歩いている場所を再び通らないであろう……ということに……注意したのである……そういう当然なことに……未来に繰り返す希望のない……願望の倒錯……贋《にせ》の

追想……その時……私は自分が歩いている場所を再び通らないであろう……わたしは自分が歩いている場所を再び通らない。

6

嘔吐

そなたを少しも愛さなかったと？　酷いことを！

それではわたしのしてきたことは、何？

ラシーヌ『アンドロマック』

鶏冠を振り立てて雄鶏が、別の鶏を追い回している。逃げまどっている鶏の歩行は、どこかぎこちない。よく見ると、片方のしっかりと肉の付いた太股の、けれどもその下は何もなく、片足で飛び跳ねているのが判る。倒れた鶏を、追いかけ回していた鶏が突き、嘴《くちばし》で啄《ついば》み、肉を喰いちぎる。蜥蜴を嘴にはさみ、走りながら喰っている鶏。

殺風景な「施設」で、小人たちが叛乱を起こしている、らしい。「施設長室」（？）では、椅子に縛りつけられた小人が、自分の置かれている状況とは全く無関係にあたかも別の悦楽をひとり密かに感じているかのように笑い、その傍らで、なにかの部局長らしい小人が苛々《いらいら》と、その「人質」である椅子に縛られた男を巡って、外の小人連中と言い争いをしている。

小人連中は、荒涼とした丘に一本聳え立つ樹を根こそぎ倒し、火をつける。庭にたくさんある植木鉢も集められ、ガソリンをかけて燃やされる。仔豚に乳を飲ませていた母豚を殺害する。それでも、死体にしがみつき、乳をまさぐっていた仔豚たちを追い散らし、摑んで殺す。鶏を、「施設長室」の中に、高窓から乱暴に投げ入れる。中の男は、鶏を追いかけ回し、ひっつかんで、空中に振り回す。

ふたりの男女の小人が、ほかの小人たちに囃し立てられ、「施設長の寝室」に押し込められる。女の小人がベッドに攀《よ》じ上って、男を誘うが、身長よりもベッドが高すぎて、男は這い上がることすら出来ない。諦め切れぬ男は、ベッド脇に積み上げられた雑誌を持ちだして、踏み台にしようとするが、それでも届かない。雑誌は、ポルノグラフィで、伸びやかに撓《しな》る成人女性のヌードに、ベッドの上の女とベッドに登り切れない男の小人は、きれいだとふたりで魅入る。

無人のまま、モーターを懸けっぱなしにされた自動二輪車が、運動場で小さな円を描き続ける。時折、「施設長室」から出て屋上に上った小人が、外部に向かって手を振り、誰も聴く人がいないだろう助けを求める叫びを、虚空にあげる。盲目の二人の小人が、叛乱(?)している小人たちによって弄《いじ》くり回され、お互いを棒で殴り合わせられる羽目に陥る、何が起こっているか判らないまま、死ぬかも知れないまで。

檻の中にいた猿を十字架に掛け、にたにたと笑った小人たちがその十字架を先頭に掲げて行進し、火刑にかけようとする。長く手足を伸ばされた、十字架上の猿は、恐怖と苦痛に塗《まみ》れたように、口を開けている。

前足を屈したまま、なにかにお辞儀をしているようなつんのめる形の半座りになり、立とうとしてなんどもなんども試みるのであるが、どうしても立ち上がることの出来ない駱駝。

なにひとつ、立ち上がれないまま、のぼり詰められないまま、達成されないまま、夥しい破壊と暴力が、ひたすらだらしなく、延々と垂れ流される。そして、ほかの多くの小人たちとは若干異なり、頭が小さいため、本当の子どものような体つきを持ちながら、顰《ひそ》めた顔はすでに老いの徴候を見せている一番小さな男が、悲鳴とも痙攣ともつかない、暗渠の綻びからだだ漏れしているような濁った嗤い声で、この状況を押し流していく。

*

ヴェルナー・ヘルツォークの『小人の饗宴』（一九七〇年）が、観る者に抱かせる、不快感、嫌悪感とは一体何か。

ここで、繰り拡げられているのは、目的を持たない、叛乱のための叛乱であり、したがって、（日本版タイトルである）饗宴としか云いようのない、馬鹿馬鹿しいなにもなさ、である。施設という管理空間を、管理されるのを拒むが故に破壊するというわけでもなく、ただ破壊にのみ、焦点が合わせられる。本来なら（?）食肉とするために殺されるはずの母豚は、殺されるためだけに殺され、虚ろに横たわっている。なぜ、猿を十字架に掛け、火刑場に向かうための行進をしているのかも、単に悪巫山戯《わるふざけ》、遊戯としての模倣としか考えられない。どこかに収斂していくわけでもないので、すべて起こっていることは、未完であり、その都度の思いつきのように、とりとめもなく、散乱している。

一見、すべては無意味さの羅列が投げ出されているだけであるかのように思わされる。だが、カメラの視線は、見下ろすような角度で小人たちを捉え、そのことは、観るものに、ここで対象として映し出されているものが、わたしたちとは異なる畸型の怪物たち——悪意のない無邪気そうな子どもの身体に押し込められているのは、なにひとつ望むがままに達成されることのけっしてない世界に生きていることを知ってしまった、その倦怠を抱え持っている大人であり、その倦怠の痕跡が、外界からかれらを隔てる皮膚に深い皺やシミや汚れとなって刻まれている——であることを、否応なく思い知らしめる。かれらの置かれている場所は、すべて正常な成人の基準に合わせて設えられたベッドや机、椅子、自動車などで取り囲まれており、そのこともまた、かれらがそこに居ながら、居場所がなく、道具の意味を知りながら、道具を使い尽くすことも出来ず、所在なさを持てあますしかない、畸型の怪物であることを指し示している。その、怪物たちが、自分たちよりも、より一層歪なものを探しだし、貶《おとし》め、侮辱し、暴力を振るう。その寓意性。

無造作なフィルムのようでいて、用意周到に計算されたカメラの企みが、観るものをある一定の方向に向けて、縛りつけているのである。

その企みは、畸型の同類を追いつめ、突き回し、殺す鶏の仕草によって、反復される。

ヘルツォーク。

「鶏は私を驚かせます。鶏が人食い人種のようで、恐ろしいということを示したのは、私が最初です。一番恐ろしいのは、鶏を正確に見つめる時です。それは、人に向かって硬直している愚かさです。死と愚かさです。それは全く底知れない愚かさなので、恐ろしいものです。私は悪魔の存在を信じませんが、愚かさだけは信じます。」

そう、ここで繰り拡げられている愚かしさは、わたしたち正常な人間社会の寓話である。だからこそ、悪意だけが、後味悪く、残る。

苦痛すらもない。

そこには、傷みが欠如しているので、苦痛を感じようもないのである。

しかし、『小人の饗宴』のおぞましさは、そこにあるのではない。断じて。正常に対して異常を設定し、異常な人間の異常な状態から逆算して、正常とされる人間の在りさまの歪みを、社会論を装って批判しようとする、すくなくとも、観るものに、そうした憫笑を浴びせかける、そのヘルツォークの目つきの、したりげな、厭らしさにある。『小人の饗宴』で映し出されているのは、ドキュメンタリータッチであるが、もちろんのこと、ドキュメンタリーではなく、あたかも実際におこなわれていることを記録している風に見せかけたフィクションである。それがフィクションであることを一瞬忘れさせるのは、小人たちが、もしかしたら発達遅滞であるかもしれない、と観客に思わせるような、かつ、当然ながらそう思ってしまうことを躊躇わすような、仕掛けがあるからである。

しかし云うまでもなく、傍若無人な風で暴行を繰り返しているのは、あくまでもカメラの前で、あらかじめ為された指示に従って演技する小人たちであり、その指示は、寓意を誘発しようという意図の元に、冷静に設計されている。しかも、観るものを惨めにさせるほど、そこに登場するものたち、おこなわれている行為が、索漠《さくばく》とした無意味さにのみ晒されているように見える。その手捌《さば》きの技巧的なうまさの陰に、この世界の外部にある制作者の視線のしたりげで、嘲笑めいた不潔さが潜んでいるのを感じ、映画を観るものに、不快さや、嫌悪感を抱かせるのである。

確かに、この程度の暴力は、実は、世界の至るところにありふれている。ここに、目新しいなにかがあるわけではない。破壊など、多寡が知れている。自分より弱い者を巧妙に見つけだし、相互に争わせ、それを傍らで嘲ることも、云ってしまえば別に、とりたててどうということはない。母豚の殺害もまた、これを屠畜と表現するなら、わたしたちは、毎日何万頭の単位で、多くは直接手を下さないにしても、平然とおこなっていることではないか。ただ、豚の死体と豚肉の彼我《ひが》があるだけである。猿のように、無垢なものに対する刑罰にしても、同様。世界は、だらしなく、混沌としていて、乱雑だ。一体、これをおぞましいと目を背けることのできる、穢れなきものは、どこにいるだろうか。

ＡＨＡ！

何が残った？　いやなにも。ただ、愚劣さだけが、なにものとも無縁にそこに在った。そう言葉にすることは、簡単である。世界で起こりうることは、さして複雑なことではない。死ぬことすら、おそらく簡単だ。もし、苦痛がないのなら。

だが、苦痛はある。

在る、のだ。気がつかれていないだけで。

わたしたちは、そこを耐え抜いて、生きること、生きなければならないこと、いや、すでに、よろぼっているかもしれないが生きていること、そこから、始めなければならない。

＊

「鶏が人喰い人種のようで、恐ろしいということ」を最初に示したのがヘルツォークかどうか知らないが、人喰いということであれば、おそらく、雑食の道を進み始めたわたしたちの遠い祖先たちは、いざというときには、即ち最低限のタンパク質摂取にすら問題をきたしたとき、同類食をおこなっていたと考えても、まったく不思議ではない。

平均身長や死亡時における歯の数、歯茎の状態などを指標として、古代の人間の平均寿命を割り出す方法がある。身長や歯の状態には、タンパク質摂取が大きくかかわるので、おおよその生活水準を類推することが出来るからである。これによると、旧石器時代後期の平均寿命は、研究者による若干の違いはあるが、男性三三歳前後、女性はそれよりも五歳ほど短い。この数字は、二〇世紀後半の第三世界の貧しい国々の数字、あるいは、二〇世紀初頭の米国の白人以外の男性平均寿命とほぼ同じくらいか、少し低い程度である。もちろん、数値としての平均寿命を左右する要因は、低栄養や衛生環境による疾病罹患及び治療の可能性、戦争などによる青壮年を中心とした大量死亡などさまざまであるが、貧困によるものとしては、乳幼児死亡率が高いので、平均寿命が短いということが大きい。一般に云われていることでは、農耕民の死亡率よりも、狩猟採集民の死亡率の方が高いということはない。むしろ、多くの栄養、特に動物性タンパク質を低コストで摂取している狩猟採集民の方が、定住農耕民よりも、健康状態が良く生き延びる可能性も高いと思われている。因みに、三万年前の平均身長は、成人男性が約一七七センチ、成人女性が約一六五センチであったのに対し、農耕が始まる一万年前のそれは、成人男性が約一六五センチ、成人女性が一五三センチ止まりと推計されている。残っている人骨から想像される旧石器時代の人類の健康状態は良好で、また出産年齢と出産数を考慮すれば、この頃人口増加がほとんどなく、人口の定常状態を保っていたことは、嬰児殺害による人口調整がおこなわれていたからだと、たとえば生態人類学などでは類推されている。逆にいうと、狩猟採集による限られたタンパク質をより効率的に配分するために、嬰児や老人などの殺害を形式としておこなった結果、成人の健康状態が良好に保たれた、ということである。この際、場合によっては、食人がおこなわれなかった、という明確な根拠はない。

つまりは、エネルギー効率の問題だろう。他に食べるものがなければ――現在でも、籠城時や飢饉、極限状態に於いて、意外と（?）容易に食人がおこなわれるように、わたしたちの祖先が食人という選択をしなかったわけはない。ただ、恒常的に同類食をしていると、当然のことながら、群れが崩壊する。栄養学的にも偏るし、感染の危険性も高くなる。したがって、平常時には、食事を獲得するための投入エネルギーコストと、摂取エネルギーを鑑みたとき、群れを維持する方が、個体生存の確率が高まる、ということで、嬰児殺害や、同類食がおこなわれなかったのだろう。同類食ばかりではなく、どんな動物を「肉」として食べるかという選択、あるいは、食肉用家畜と愛玩動物の壁も、同様の論理が働いていると考えられる。

こうしたエネルギー効率の観点から、たとえば、一六世紀コルテスらが目撃したアステカの秩序だった暴力・殺害・食肉の宗教儀式としての人身御供(*-1)は、他の大陸よりも動物資源に枯渇していたメソアメリカが選択した、動物性タンパク質を人肉というかたちで大量に生産・再分配することに適応した国家体制における儀礼的殺人であった、という説明がある。アステカと同程度、あるいはそれ以上かもしれない、極めて残虐な拷問や刑罰をおこなっていたヨーロッパ世界が、刑罰の形式に食人を取り入れなかったのも、家畜を食用に利用できたからである、というコスト－ベネフィットの見方である(*-2)。

打ち倒した敵を食べることによって敵の身体に備わった力を自分の身に纏う、敬意であれ、継承であれ、克服であれ、愛であれ、死者と一体化する、そうした宗教学的解釈は、あとからやってくる。つまり、殺害にしろ、同類食にしろ、わたしたちの世界には、なんでも起こりうる。起こりうること、ではなく、起こってしまう、起こってしまったこと、そこに言葉を与え、解釈していこうとする欲望、それは、言葉で語りうる理由など、おそらく存在しないがために、その戸惑いのために、うろたえのために、時として過剰に、饒舌に語り続けてしまう、生のどうしようもない情けなさを紛らわす宥《なだ》め、でもあるのだ。形式は、その過剰な饒舌さを棚上げし、戸惑いを隠蔽し、起こってしまったことに箍《たが》を塡《は》める。そうして、戸惑い、うろたえ、動揺して、共に生きている同類の絆に亀裂が走り、泡立ち、滾《たぎ》って、飛散してしまうことを防ぐのである。わたしたちは、それを文化と呼ぶ。

ここには、善悪や正邪の階梯はない。意味がない場所であるから、意味を付与することが棚上げされているから、である。

だからこそ、わたしたちは、わたしたちと異なる形式に直面したとき、ふたたび戸惑い、動揺しながら、饒舌に語り出すのである。

*

だが。

出来事は在った。

しかし、それが、誰かによって語られているとき、そこに、〈わたし〉はいない。あらかじめ、〈わたし〉は不在だった。

語られている、その出来事に仮に〈わたし〉が登場しているとしても、語られているそのとき、あるいは、語っているそのひとの中に〈わたし〉は、いつもいない。語ること、語られていることとを聴くこと、そこには、永遠にすれ違う、むきあうことのなさ、がある。

いたたまれなさ、居場所のなさ。

そのとき、いかなる応答が可能か。

顔をみようが、固有名を知ろうが、殺害が起こるときは、起こる。この起こってしまったことが語られているのを聴いているものに、不意に、こみ上げる、吐き気。嘔吐。この嘔吐は、おぞましさに対する生理的な反応、だろうか？

いや、そうではない。

わたしたちは、身体の感覚にぴっちりと貼り付いて生きているわけではないのだ。言い換えると、快楽も、苦痛も、あるいは嫌悪も、身体が直接受けている刺激ではなく、その刺激に対する、外部との関係性においてどう生きていくかという意識の解釈である。同じ行為をしていても、ある場合は、快楽であり、ある場合は、嫌悪であり、暴力を受けていると感じる。快楽であるとしても、それは索漠としたものと裏腹の白々しい快楽であることもあれば、成就されなかったとしても至福を感じることもある。

舌が味わい、味蕾《みらい》に快感を抱いていたはずなのに、そのものがなにものであったのかを知ったときに、こみ上げてしまう嘔吐。意識が、身体を組みしだく瞬間。たしかに、わたしたちは、有機体の集合としての、すなわち生態系のひとつをかたち作っている生命体としての〈自分〉（自己）で動いているのだろうが、しかし、〈わたし〉はその〈自分〉（自己）が産み出した意識の劇場でしか生きていないのであり、〈わたし〉は、他ならぬこの〈わたし〉としてしか、生きていない。そして、この〈わたし〉は、有機体の集合である〈自分〉が単独で創り出した劇場の主人公なのではなく、他者、他の存在とのかかわりから、その無数の記憶、そして他者によって生きられ、語られた無数の記憶の痕跡から成り立った劇場に、生きているのである。

意識に関するベンジャミン・リベットを中心とする一連の実験。身体の器官を動かすときに、動作に先立って脳内に活動がみられる。この動作の準備が行なわれていることを示す電位変化は、準備電位と呼ばれる。この準備電位が発生してから、約〇・五秒遅れて、決意の意識的経験が生じる。つまり実験では、準備電位が発生し、被験者が行為の開始を意識し、それから行為が実行されるという順で進行していくことになる。とすると、自分で意識的に行動を決意したつもりでも、実際はその〇・五秒前から脳は始動しているわけで、意識が行為を始めているわけではないことになる。これについては、意識は時間を繰り上げた調整を行なっており、そのために外界からの刺激の自覚が実際は刺激の〇・五秒後に生じているにもかかわらず、刺激の直後に生じたように感じるのだ、という発見をもたらした実験がある。また、不可思議な準備電位という現象での脳の始動から、約〇・三五秒経ってから行為を行なう意識的決意を意識のうえで経験するという実験結果がある。これらをあわせると、感覚経験であれ意思決定であれ、意識が生ずるには

○・五秒の脳活動を必要とする。感覚経験の場合、主観的な時間の繰り上げがおきているため、感覚刺激の発生時点で自覚が生じたように感じられる。意思決定の場合、意識的決意がプロセスの第一段階として感じられ、その前に起きている約○・五秒の脳活動は自覚されない。
とすれば、自由意志というものはどこに存在するのか。準備電位の起動から、行為が行なわれるまでのあいだに決意が意識される、つまり、決意を意識してからそれが実行されるまでに余裕がある。リベットの実験結果では、意識は行為を起こすことは出来ないが、実行を禁止する決断は出来る、というものだった。衝動は制御できない。しかし、行為は制御できる。（＊-3）

刺激の受容から、あるいは意識決定の脳の準備から、意識が生じるまでにかかる○・五秒の遅延。そこに、いたたまれなさの嘔吐がこみあげてくる、そこに賭ける。

嘔吐を呼び起こす記憶は、何が起こっているのかすらも正確にはわからず、ただ惨めな犬のようにこちらを凝視《みつ》めている、カメラの向こうの青年の眼差しかも知れない。そこに確かに在るであろう、苦痛。その苦痛と〈わたし〉の記憶が擦れ合って、こみあげてくる吐き気。それは、他者への想像力、などというものではない。身体の欲望でもなく、後づけされた意味でもなく、その間隙を縫って、一瞬現れる、言葉の世界にしか生きられない〈わたし〉としての肉体の示すもの、なのだ。

なるほど、それぞれが整合された蓋然性のひとつから逆算される行動を〈自分〉の身体は行為しているのかも知れないが、しかし、〈わたし〉は、偶然の中をよろぼい、たどたどしく、ぎこちなく、どれほど無様《ぶざま》であっても、〈わたし〉として生きていると意識している。そうでしか、生きられないのだ。

この〈わたし〉が、他者の苦痛の痕跡からも成り立っていることの、応答としての嘔吐。もう、これ以上の苦痛を世界にあらしめたくない、それでも起こってしまったことに対して、たといそこに〈わたし〉は不在であろうとも、苦痛を共有したいという賭け。

成されぬまま潰えようと。
知られぬまま、消え果てようと。

骰子一擲いかで偶然を廃棄すべき（S・マラルメ）

＊－1　ベルナール・ディーアス・デル・カスティーリョ『メキシコ征服記』小林一宏訳、岩波書店、一九八六年など参照。
＊－2　生態人類学者マーヴィン・ハリスの一連の著作など参照。
＊－3　ベンジャミン・リベット『マインド・タイム　脳と意識の時間』下條信輔訳、岩波書店、二〇〇五年、およびトール・ノーレットランダーシュ『ユーザーイリュージョン　意識という幻想』柴田裕之訳、紀伊國屋書店、二〇〇二年など参照。

7

舌の戦《おのの》き

わたしに、そんなことを聞かないでくれ。わたしは記憶の断片を拾い集め、過去の痕跡を追い求めつつ、故郷を探す旅の途上にある、ひとりの難民なのだから。
ジョナス・メカス『リトアニアへの旅の追憶』

最終氷河期に、当時繋がっていたベーリング氷橋を渡って北アメリカ大陸に到来した新人類の直接の末裔と思われる人たち、すなわち北米先住民の中でも、カリフォルニアに住んでいた人たちは、征服者が来る前には、約一五万人、多く見積もっても二五万人だったと推計されているらしい。この数は、ゴールドラッシュ開始後一〇年の一八六〇年の州白人人口三九万人をはるかに下回っている。数字をあげるならば、一八五〇年の時点では、全米に生き残っていた先住民は推定わずか三〇万人、ヨーロッパからの移住者とその子孫たちは、その百倍の三千万人といわれる。もちろん、先住民たちの人口を急激に減少させたのは、ヨーロッパから征服者たちが齎《もたら》した種々の病原菌であり、そしてまた、言わずもがなであるが、生存圏域の侵略と剝奪、及び襲撃・殺害であった。

ともかく、カリフォルニアに住んでいた先住民たちは、二一の小さな民族をなしており、さらに総計二五〇以上に及ぶ部族や小部族に細分化されていたという。それらの民族の一つが、ヤナであった。かれらは、かつて二千人から三千人の人口だったと見積もられている。このヤナはさらに四つに細分化されていた。ヤヒという部族も、いた。しかし、かれらは、この地上から、他の多くの部族と同様、かき消されてしまった。かれらの言語を、聴き取られるために話すものは、現在この地上には、いない。

ヤヒの最後のひとりが、一九一一年八月二九日早朝、屠畜場のほとりに姿を現す。夜明けの光の中に、犬に追いつめられて、柵に身体を押し付けられているのを、白人たちに目撃された。恐怖と消耗の極にあったかれは、駆けつけてきた保安官と数人の部下に対してつかまるまいと抵抗するそぶりも見せず、おとなしく手錠をかけられた。そして、「野生のインディアン」を見ようと押し寄せる、好奇に満ちた人々の眼差しから遮《さえぎ》るためにも、かれは、保安官によって独房に監禁された。

（……）後にイシは遠慮がちにこの白人とのはじめての接触の時のことを話した。彼はきれいな家に入れられ、偉い人から親切に扱われ、いい食べ物をもらったと言った。捕えられて最初の数日は何も食べようとも飲もうともしなかったことは彼は口に出さなかった。実はそうだったのであり、最初は眠ろうともしなかったのである。その時期は非常に緊張し怖れていたので、当時の記憶を全部抑圧してしまったのかもしれない。あるいは、イシはその数日のあいだ、殺されるだろうと思っていたので、結局根拠のないことが分ったのに、そういう猜疑《さいぎ》をもちだすのは相手にわるいと感じたのかもしれない。彼は白人については自分の一族を殺す人間だということしか知っていなかった。白人に一旦つかまれば撃たれるか、しばり首になるか、毒殺されることを彼が覚悟したとしても当然なのである。

（シオドーラ・クローバー『イシ　北米最後の野生インディアン』行方昭夫訳、岩波現代文庫、二〇〇三年）

そう、かれは、イシという。イシというのは、かれの本当の名前ではない。「カリフォルニアのインディアンは自分の名を告げることはまずないし、すでに知っている人に対してほんのまれに使うだけであり、単刀直入に訊ねられたのでは絶対に答えるはずがない」（同書）。それで、のちにはかれとほとんど信頼に満ちた友情をかわすようになる、カリフォルニア大学の文化人類学者アルフレッド・L・クローバーによって、ヤナ語で「人」を意味するイシと名付けられ、そう呼ばれ、記録されることになる。

　イシは、滅ぼされていった自分の種族の最後の生き残りである老いた母と妹（ないしは従姉妹）、そして血縁関係にない老人とともに、過酷な条件のもと、ひっそりと逃亡生活を送った。白人たちによる最後の襲撃で妹と老人——二人はおそらく悲惨な死を遂げたと思われるが——と離ればなれになり、二度とふたたび、その骸《むくろ》にさえ、めぐり会うことはなかった。

　老いて身体の痛みで動けない母を看取った後、イシは、たったひとりぼっちになってしまった。姿を隠すこと、逃れ去ること、それが、同胞がすべて絶滅したあとに孤独に取り残されたかれの日々になる。かれの舌は、食べ物を味わい飲み込むためと、その食べ物を捕るために仔鹿や鳥の鳴き声を真似るためにだけ用いられ、三年余りにも及ぶ長い間、おそらく、言葉を発するためには使われることはなかったのではないだろうか。なぜなら、言葉は、聴き取るもののためにあるからである。

クローバーの同僚で当時未だ若いトーマス・タルボット・ウォーターマン、かれもイシと深い愛情をかわす仲になるわけだが、そのウォーターマンが、囚われの「野生のインディアン」を絶滅したはずの部族ヤヒのなかのヤナの出身であるまいかとの見当をつけて、さまざまな単語を繰り出し、イシの前で発音する。何度かの失敗を重ねて、ようやくある一つの言葉にイシが反応し、それからは、絡んで縺《もつ》れ、固く縮こまっていた糸玉がゆっくりと解れていくように、ふたりは、意思を疎通し始める。しばらくたって、イシはウォーターマンに、「イネ・マ・ヤヒ？（あなたはインディアンですか？）」と訊ね、ウォーターマンがそうだと答えると、彼がインディアンではないことを十分に承知していたイシの目から追われる者の表情が消え、友人をそこに発見する。

それから、イシは、クローバーとウォーターマンの尽力のもと、サンフランシスコにある大学分校の博物館を「自分の家」とし、仕事をこなし、何人かの心を開いた友人たちを得、白人社会からの最後の贈り物としての結核感染によりこの地上にとどまることを断たれるまでの四年七ヶ月を、二〇世紀の文明化された米国社会で生きることになった。

彼は本当のヤヒ族としての通り名は最後まで明かさなかった。まるでその名が、彼の愛した者たちの最後の一人を火葬に付したとき、薪と一緒に燃えつきたかのようであった。彼は新しい名前をそういやでもなさそうな様子で受け入れた。しかし一度そのように命名されてみると、新しい名は本当の名の持つ彼自身、彼の魂、あるいは名に属する人間の内部の本質との神秘的な結びつきをかなり引き継いでしまったので、そのため彼は二度と再び過去の本名を口に出さなかったのである。

（クローバー、右掲書）

イシの舌は、新しい社会で、新しい言語を習得したように、新しい味覚を覚え親しんだ。とはいえ、基本的な味の骨格は、生まれ育った場所で身につけた調理法に準じていたようである。白人の用いるコンロは焼いたり焙《あぶ》ったりにはいいが、食物を茹でるには適さない。煮すぎて、材料の持ち味を台無しにしてしまう。鍋に水を入れて、水中に熱した石を入れ、気泡が出るのを待って、材料を入れ、ブカブカと煮る。ドングリのお粥も、鹿のシチューも、うさぎのシチューも同様にして作る。肉汁も含めて、あらゆる液体について望ましい性質は、澄んでいること、だった。その点、白人の飲むもののなかで紅茶は一番よいものだった。コーヒーはよい液体ではなかったが、誰もが飲用しているのでかれも飲むようになった。牛乳は赤ん坊の飲むもので、イシはコーヒーにコンデンスミルクを入れるようになったが、牛乳を加工したものだと知ると、砂糖だけにした。バターは声に悪く、半熟卵は頭痛の原因になるので固茹でしか食べない。スープは紅茶のように澄んでいるべきだし、肉や野菜はごってりしたかけ汁で隠されてしまってはいけない。濁ったもの、あまりに滑らかなもの、軟らかすぎるものは一般に嫌いだった。いろいろな食物の味が混じり合っているのも嫌いで、材料ごと別々に澄んだスープなり、湯で調理するのを好んだ。ウィスキーは、澄んでいたけれども、気狂い水で死を齎す、というのがイシの意見だった。かれは、勧められても、口に触れさえしなかった……。

　シオドーラ・クローバー(*-1)による『イシ　北米最後の野生インディアン』は、人間が、どこまで無慈悲で残虐な行為をしうるのかということ、そしてそれら直視するのが堪え難いような無惨な行為に満ちた歴史をわたしたちは持っているのだということに対する、いたたまれない恥辱を覚えさせる。と同時に、人間がもう一方で持ちうる、いかなる困難なときにあっても潰えることのない、純粋で友愛に満ちた、勁《つよ》い精神、というものを感じさせてもくれる。

　この矛盾に満ちた精神というのは、いったいどこからきて、わたしたちのどこに在るのだろう？

＊

イシ——それが人を意味するものであるとは、いまではほとんど誰もわからない。人のことをイシと発声するひとはいない。なぜなら、イシが人であるという音と意味の世界を担うヤナ語は絶滅してしまったからである。言語は、ひとの舌によって紡がれ、操られ、織りなされて、意味の世界をつくっているので、ひとたちの舌がその言語を吐き出さなくなれば、それは死ぬ。死んでしまったことばは、二度とふたたび生きた言語としては、この世界に現れない。

それは、生きものに似ている。いや、舌から紡がれることばは、生きものなのだ。

生物種が、現在世界にどのくらい存在するかは全く確定できないが、記述され名前が与えられているものは一四〇万種程度、それからも推定して三〇〇万種から説によっては八〇〇〇万種とも言われている。そして、それらの生物種は現在、恐ろしいスピード——一時間に四種とも言われるスピードで絶滅していっている。絶滅原因のかなりの部分は、人間の存在と営みのためである。生態系というものを考える時、生物種が多様であることは極めて重要なことであり、また、種の絶滅はその種のみの問題にとどまる訳ではなく、他の種にも大きな影響を及ぼすことは、いまさら言うまでもないことだろう。確かに、地球の歴史という壮大な時間規模でみると、わずかなものを残して生物のほとんどが絶滅するという危機的な時期は何回もあった。無数に現れた生物種は誕生し、栄え、そして絶滅してきたし、いまいる生物種もいずれは絶滅するだろう。だが、人類は地球の歴史のなかではほんの一瞬の時間しか持たないが、その人類史においてみれば、人類という大型の一種が急激に地球上に増え、そしてその人類によって、時代を共有していた他の生物種が圧迫されていったということは特異といえるかもしれないし、特に二〇世紀後半以降、急激に絶滅種が増加しているのは、看過すべきことではない。

生物種の固有性と多様性の重要さ、そしてそれらが急激に絶滅していることと、言語の固有性と多様性の重要さを類比させて考察しているのが、文化人類学者ダニエル・ネトルと社会言語学者スザンヌ・ロレインの手になる『消えゆく言語たち　失われることば、失われる世界』(島村宣男訳、新曜社、二〇〇一年)である。言語は、そのことばを操るひとびととかれらが生きている環境に依存する。したがって、現在繰り拡げられている「先進」国/資本による環境の破壊と支配は、世界中の生物-言語多様性を破壊していることと同義になる。世界の先住民族とその言語が死滅に向かっていたり、近代文明に同化されていくのも、その基底をなしているのは住環境の破壊があるからだ。

ネトルとロレインは、言語の死を突然死と自然死に区別している。突然死とは、話者が死に絶え、言語もほぼ完全に死滅するというもので、自然災害に因るもののひとつに、一八一五年インドネシア群島のスンバワ島で起きた火山噴火によって、タンボラ語の話者が全員死亡したことがあげられている。ジェノサイドに因る突然死、ないしはそれに近い例として、「北米最後の野生インディアン」イシのヤヒ語があるだろう。オーストラリア先住民とその言語も、一八世紀後半にヨーロッパ人と最初に接触して以来、こうした死滅に襲われ続けている、とふたりは書いている。とりわけ現在ではオーストラリアの主要都市となっているシドニー、プリスベーン、アデレード、パース、メルボルン、そしてタスマニア全域といった初期の入植地において、オーストラリア先住民はすべて一掃された。皆殺しにされたひとびとの言語の痕跡はほとんど残っていない。遠隔地で生き延びた先住民もいたが、そのほとんどの言語は記録されないまま消滅してしまった。自然死というのは言語が数世代をかけてゆっくりと死にゆくことで、かつてのように十全の機能と目的で話されることはなくなって、使われない手足のように萎縮していき、やがて死滅してしまう。話者の日常が変化し、それに関連した言葉はどんどん使われなくなっていくことが積み重なると、どんどんと忘れられ、自発的な会話が創造されなくなり、生産力が制限されて、定型の語句に依存するようになっていく。次世代に引き継がれていくことは少なくなり、語彙はすり減って、表現はかさつき枯れ、文法も乏しく簡略化していき、老い滅んでいくのである。

言語の語彙は文化が語る事柄の目録であり、世界を意味づけ、その地域の生態系の中で生存するためにカテゴリー化されている、とネトルとロレインは書いている。とすれば、ある言語が死滅してしまったとき、失われたものは、そのことばを紡いでいたひとびとが、どう世界に向き合っていたのか、世界をどう捉え、世界をどう愛したか、そして世界のなかでどう在りどう生きるか、というひとつの〈知〉の体系でもあったはずだ。

イシが、この世界を去るときに遺したことば。

「あなたは居なさい、ぼくは行く。」

もはや誰にも聴き取られることのないヤヒ語ではなく、イシの舌が新しく獲得した英語——それはかれとかれの世界を滅ぼしたものたちが操ることばであったのだが――で語られたのであろうが、イシとともに、イシの本当の名前と、その名前が漂う言語宇宙が去っていった。

永久に。

*

ことばが、身体の外部からやってきて、舌によって味わわれ、舌によって飲み込まれ、身体の一部となっていくように、他者の存在そのものも、身体の外部からきたりて、舌によって味わわれ、舌によって飲み込まれ、身体の一部となる。わたしは、わたしというものであること、そのことを、外部からくるものによって、かたちづくり、外部からくるものとのその都度の運動、衝突、融合、分離を繰り返して、わたしの運動を続け、その都度のわたしという現象を、立ち現わしていく。わたしは、他者のかけらによって、わたしを成り立たしめている。わたしとは、他者の残余だ、というのは、こういうことでもある。

皮膚が、わたしの外部と内部を隔てるもの、わたしであることの境界を示すものであるとするならば、舌のある口腔は、外部と内部の境界にある出入り口、待合室、検閲所であり、官能に満ちた歓待の場所、通行路、排泄場、防波堤、そこから発信し、そこに到着する空港である。それは、他者を受け容れ、咀嚼し、他者を吟味し、他者を記憶し、記憶を反復して、他者がなにものであり、なにものの同類であるか、そして他者とわたしの関係と距離を弁別し、飲み込み、あるいは、押し出す。

生命体としてのわたしにとって、本来、なにを口に入れても構わないか、なにを入れてはいけないか、ということが、まず重要であるはずであった。なぜなら、外部よりくるものは、わたしの内部に入り、既にわたしを成り立たしめているものと融和し、反応し、わたしの一部となったり、わたしの一部と置換したり、さまざまな影響を及ぼすのであって、その作用は、わたしにとって有益な場合もあるが、無益であるばかりか、害を及ぼすこともあるからである。

食物として口に入れるモノを検閲するための情報は、視覚、嗅覚、触覚、味覚によって齎され（ときには、歯触り、歯ごたえ、嚙み心地などに付随する聴覚も動員されるが）、嗅覚と味覚が大きな役割を果たす。生命体にとって、食べられるものか、食べられないものか、なにを食べるべきか、ということはきわめて重要な問題であるが、匂いや味といったものがいったいなんであり、どのように認識されるのかといったことの分子／細胞レベルでの本格的な解明がなされていくのは、ようやく一九九〇年代の嗅覚受容遺伝子の発見によってである。確かに、匂いというものの分類の基準は曖昧であり、匂い物質というものがあるのか、それともある構造をもったものの特性なのか、あらためて考えると、わかるようでわからない。揮発性をもつ低分子有機化合物であれば、その物質は、匂い物質になる可能性があるらしい。しかし、全ての揮発性低分子有機化合物が匂いをもつわけではない。ともかく、有香分子の立体構造が、ある嗅覚受容体に一致すると匂い

——その官能基の性質や構造などが認識され、匂いの質を決定することが解明されてきている。因みに、二〇〇四年のノーベル医学生理学賞は、嗅覚受容体遺伝子の発見に対して授与された。

嗅覚の研究に続くようにして、味覚のメカニズムが、解明されつつある。味覚もまた、舌の味蕾にある味細胞の味覚受容体により、認識される。ナトリウムイオンなどが塩味に、水素イオンが酸味に、植物アルカロイドやカフェイン、デナトニウム、シクロヘキサミドなどの物質が苦味に、ショ糖、ブドウ糖、果糖などの天然糖やサッカリン、アステルパームなどの人工甘味料といった物質は甘味に、アミノ酸の一種グルタミン酸、及びそれを増強するものとして核酸であるイノシン酸、グアニル酸が旨味に、感じられる。これら特定のイオンが味細胞の突起にあるチャンネルを通過したり、塞いだり、物質が味細胞にある共益受容体と結合したりすることによって、化学反応が起こり、神経伝達物質が放出されて、味の情報が伝達される。味覚情報は味覚神経を通って、脊髄と脳の境界付近にある延髄孤束核《こそくかく》に、舌前方、後方、咽喉部からの情報が分けられて、入力され、孤束核から二次ニューロンとして視床の後内側腹側核にいたり、三次ニューロンが大脳皮質味覚野に投射する。色やかたちといった視覚や、舌触り・歯触り、歯ごたえなどの触覚、温度、匂いなどのその他の情報は、それぞれの感覚器官により感知され、大脳皮質の各感覚野に伝達され、さらに、それらが全て大脳皮質連合野に至る。ここで、情報は統合されて、食べ物の可否や栄養素の判断と評価が行われ、食行動に反映される。さらに、五感の情報と、内臓からの情報は、扁桃体に送られ、価値判断を下す。扁桃体からの情報は、視床下部へと伝わり、食べ物がよい価値を持っていれば、摂食中枢を刺激し、食行動を開始させる。好もしい食べ物であると、ドーパミン神経系（報酬系のひとつ）が活発になり、快感を感じ、満足を得ることになる。

なにを食べてもいいか、食べるべきかの判断に重要な情報である匂いや味を認識するための嗅覚受容体や味覚受容体は、昆虫などでも発達し、たとえばショウジョウバエなどですら、味覚受容体遺伝子や味覚細胞から類推すると、哺乳類と同じくらい、複雑な味覚をもつようである。

味覚を感じるシステム、というのは、感覚器官を通しての情報入力経路から記述できるだろうが、では、なにを美味しいと感じるか、現在なにを食べたいという欲求を持つか、ということの判断は、いかになされているのだろう。その判断基準はどのように形成されるのか、についてのメカニズムは、未だ確たるものは解明されていないようである。

扁桃体には、視覚、聴覚、嗅覚、味覚などの様々な情報が集積され、それらが統合されて扁桃体が興奮すると、視床下部にA－10神経からドーパミンが放出され、快感を感じ、この快感を好もしいとする感情が生まれる。そして、その感情は、扁桃体に記憶される。扁桃体には、あるもの――食べ物だけではなく、モノや音楽、人物などさまざまなものや現象に対する好き、嫌いに反応する細胞が厖大にあり、快／不快を根拠に置く情動を形成している。しかし、そのもともとの扁桃体の興奮、わたしにとっての原初の快感――少なくとも、口にするものに関して――は、いったいどこからくるのだろうか。

哺乳類においては、羊水のなかで、胎児は、アミノ酸の一種であり動物性旨味成分であるイノシン酸を味わっているらしい。子宮という閉ざされた小宇宙からこの世界に生まれでたこどもにとって、母から貰う乳が、最初の味覚、最初の世界と身体との接触である。この母乳は母体の血液から作られ、広く知られているように、乳児に必要な栄養の他に、免疫物質が豊富に含まれている。母体の持つ抗原・抗体は、母体がその生命を保ってきた環境の中で形成されていくものであるから、こどもは母乳を通して、世界と自己とのかかわりの最初のひとつを獲得していく、ともいえる。また、草食動物のなかには、糞をこどもに食べさせて、毒である植物アルカロイドや固いセルロイド質を分解するバクテリアを、こどもの消化器官に送り込むものもある。

こどもは、離乳期より以降、食物をこどもの身の回りにいる人間から与えられるわけだが、この身の回りにいる人間というのはほとんどの場合、特定の人間であるので、つまりは、この時期与えられた食事が、のちの食に対する好悪、指向性に大きな影響を及ぼすと、類推される。そして、味覚を感じさせる物質から推し量るとすると、甘味は消費エネルギーのもとであり、塩味はイオンバランスなど生理的な欲求、旨味は身体を作るタンパク質の味、と生体にとって必要なものの味であるようだ。逆に、苦味や酸味は、酸敗したものや、毒物の味であって、本来警告となるものであったのかもしれない。もっとも、一義的には、味覚は身体にとっての良否の判断をなすものであろうが、煙草や酒のように嗜癖性のあるものばかりではなく、脂肪分や塩分が高過ぎ、かつ栄養価の低いジャンクフードに惹かれるように、必ずしも、美味しさ（快感）と身体に必要なものの要求とは結びつくわけではない。

＊

ヤヒのイシが、頑なまでに拘泥していたのは、基本的な味の仕組みであり、それは調理法と連動していて、かつ調味料が重要な位置を占めていた。というより、イシの好むものは、調味料で素材の味を隠し、膨らませ、変形させたものではなく、素材そのもののもつ味をピックアップできるような調理法であるように思える。また、濁った液体よりも、澄んだ液体を好むというのも、やはり、腐敗や毒の存在といった危険信号を拾いやすくなっているからなのではないか。(＊-2) 仮にそう考えれば、ヤヒたちの食事は、食物を手に入れるのに厳しい環境の中で、身体に好ましいものを摂取することを、大きな目的としているようにも思えてくる。つまり、かれらの食事は、食べるものが、できるだけ食べられるもののありのままの姿に向かい合おうとしたもの、と言えるだろう。

ともあれ、なにをどういう風に食べるか、なにを美味しいと感じるか、とは、わたしが誰とともに生きてきたか、なにと慣れ親しんできたか、ということを指し示している。わたしが身につけた、味覚や調理法は、わたしがことばを覚えるのと同様、そもそもは、わたしの外部からやってきたからである。わたしの身体が他者のかけらから生成され、わたしとなっているように、わたしのことば、わたしの味覚も他者のそれのかけらであり、わたしはそれを受け入れてきたのである。だが、白人社会のなかに保護され、受け入れられたイシは、英語を身につけていき、自分の慣れ親しんだものとは全く異なる食べ物を食べ、好もしいと思うものを増やしていった。わたしは、わたしの始まりのときのままにとどまっているのではなく、その都度擦れ合う他者との関係において、変化する。とはいえ、検閲官でもある舌は、新しい他者のことばを滑らかには飲み込みづらく、ぎこちなくしか発音できないこともある。食べ物を受けつけはするが、必ずしも、滑らかな快楽を伴ったものでない場合もある。回帰していくのは、原初の味覚だ。だからこそ、味覚をもたらす食材、調理法、食べ方などが総合された食事というものは、人が他者とどうかかわっているのかを形式づける文化であるとされる。

イシは、自分の文化から出て、見知らぬ文化の中に入っていくことを余儀なくされた。そのとき、かれとかれの同胞の持っていた文化は、観察され、解析され、記録されたが、死に絶え、絶滅したもののひとつとして、ほかのものとともに標本箱に埋葬された。ことばは聴き取られるもののために発せられ、食事はそれを食べるもののために料理される。その他者との共感、交換／交歓によって、わたしが成り立っているからこそ、わたしの身体には、無数の他者の無数の記憶が刻み込まれ、わたし／たちは、歴史を持つのである。イシとその同胞の持っていた他者とのかかわり、交通の形式は、断ち切られ、生きた歴史は砂となって飛び散っていった。残骸が納められた標本箱は片隅に追いやられ、埃にまみれ、蓋を開けるものがいるとしても、乾涸《ひから》び、黒ずんだ切片があるだけである。

固く閉ざした口がこじ開けられ、舌が引きずり出されて、見知らぬ他者のことば、他者の食物を押し込まれる。舌は本来、他者との交通路であるから、舌の動き、舌の歓びは、いずれ容易く新しいものに慣れてしまう。舌がもともと慣れていた言葉を奪うのは、暴力を行使する側である。わたしたちの過去を振り返れば、自分たちの怠惰な舌のために支配下に置いた他者の言葉を奪い取ったものたちは、奪い取ったことばを戦利品として自分たちのものにすることはなく、多くの場合、道端に投擲《とうてき》し、そのこと自体を忘却した。わたしたちの思考を紡ぐことばは、したがって、強者のそれが世界に伝搬《でんぱん》し、弱いもののそれを侵食していく。しかし、より官能的な快楽の部分に繋がっている、もうひとつの舌の機能は、そこにものめずらしさと快楽を嗅ぎつければ、征服したものの料理を簒奪し、洗練させ、自分たちのものとしていった。だが、たとえ初めは簒奪であったとしても、あるいは被征服者の料理が侵入し潜り込んだものだとしても、両者は次第に融合し、刺激を与え合い、別のものに変貌していく。

わたしが、他者と出会い、他者と交通することによって、わたしが他者のかけらより形成され、その都度のわたしが現象として立ち現れるように、文化もまた、無数の他者と出会い、交通することによって、輪郭も境界線も朧《おぼろ》になるまで変貌し、無数の他者の記憶のかけらが傷痕として歴史に刻み込まれているものなのだ。

繰り返そう、舌は、痛みを感じながら他者が腐敗し害毒を持つかどうかを見分けると同時に、他者との交通の歓びを味わうものであり、その快楽の記憶を呼び起こすものであり、そして、そのように使うべき器官なのである。

＊−1　シオドーラ・クローバーは、アルフレッド・クローバーの妻（因みに、アーシュラ・K・グィンは、かれらの娘である）。イシに関する記述、及び用語は、この本に従っている。

＊−2　多少の腐敗を、濃い濃度の調味料や香辛料でごまかす、という方法をとるのは、（実証できるわけではないが）狩猟採集民には少ないように思える。辛味が生理的な味ではないのと、関係があるのかもしれない。

8

骸骨たちの食卓

仮に、きみの心が直径五フィートあってわたしの代わりをするとしよう、きみは二十日鼠の糞くらいしかない心のために、その心を傷めるだろうか？

デューナ・バーンズ『夜の森』

トッド・ブラウニングの『フリークス』（一九三二年）は、いまさら言うまでもないことだが、実在の畸形――生理学的逸脱者たちを出演者に据えている。美貌で有名なシャム双生児のデイジーとヴァイオレット・ヒルトン姉妹、上半身だけの人間ジョニー・エック、手足のない胴体人間プリンス・ランディアン、髭の淑女オルガ・デーリック、ピンヘッドのスリッツィ、モデルのような伸びやかな肢体にもかかわらず両手のないフランシス・オコナー、同じく両手がなく足も短いマーサ・モーリス、両性具有者ジョゼフ＝ジョゼフィーン、小人のハリーとデイジー・アールズ兄妹やアンジェロ・ロシットーなど、全米の見世物小屋から集められた錚々たる怪物たちが、セルロイドの上に、その姿を生き生きととどめている。かれ／かのじょらは、それだけで独り立ちしてサイド・ショウの興行を張れる、誇り高く、それだけに気難しいひとたちであったようだ。たとえば、後年のイングマル・ベルイマン、ルイス・ブニュエル、フェデリコ・フェリーニやアレハンドロ・ホドロフスキーの映画に登場してくる畸形者たちのように、現実の世界の拭いがたい汚辱を引きずり、傷痕から仄かに聖性を放っているような、そうしたフィルムの中で意味を付与され、救済される存在とは、かれ／かのじょらは、ほど遠い。かれらは、自分の身体を人前にただ曝け出すばかりではなく、その曝け出し方の技法を洗練させた経歴を持つ芸人として、そこにある。一九世紀末より、身体が客体化され、計量化され、測定され、統計学の範疇に入れられたことによって、数値的に浮上してきたものである標準的身体からの偏倚というよりも、一瞥して直感的に正常ではない異常なもの、異様なもの、特異なものとしての身体を有するかれ／かのじょらは、だからこそ、〈フリークス〉として堂々と自らの身体を商品となしえたのである。

およそ人間的なるものからかけ離れたかのように見えもする身体が、人間として生き、言葉を発し、行為する奇妙さ。自らを正常とするものは、この奇妙さに、生命というものが発する理解不能な、おぞましくさえある勁い力を感じ、半ば後ろめたさを伴いつつ、陰気な好奇心を感じるのかもしれない。したがって、畏怖され、嫌悪され、忌避されると同時に、神話的世界を具現するものとして、古代からフリークスたちの見せ物は存在したが、ヨーロッパに於いては長く地方君主の宮廷での愛玩物であったようだ。それが、一般大衆に公開されるようになったとき、教会の保護の下にあったりもした。近代に入って以降、ひとの眼を欺く奇術師、刀を飲んだり、炎を食べたりする芸人や、人魚や半身獣といった紛い物とならんで、畸形の身体が動き回ったり、出自について話すなどの行為をする芸人として、畸形者たちは、見世物小屋の看板になっていく。

生産手段を持たないものが肉体を売るという意味で、労働者は労働力商品として社会的に表現されるとするならば、畸形者たちは、売春者と同様、抽象的な意味ではなく、まさにその肉体そのものを欲望する視線があり、その視線に対して肉体を商品として売っているのであるから、労働者として、たちあらわれる。

したがって、悪夢をスクリーンの中でみごとに演じ上げた俳優ロン・チャニーを喪ったトッド・ブラウニング――大衆が、人目をはばからずにすむ暗闇で密かに抱く、醜怪さと猥褻さに対する恐怖と嫌悪への欲望を、フィルムのなかで満たすことを責務とした、その意味でプロの職人であるブラウニングが、本物のフリークスたちを、彼の映画に起用したことは当然の結果である。

だが、この目論みは見事に外れることになる。猥雑で、食べ物と排泄物の匂いの入り混じった場末の見世物小屋ならともかく、紛い物ではなく、本物の、生きたフリークスたちがスクリーンに大写しでその姿を曝け出し、群れをなして迫ってくることに、観客は耐えられなかったのだ。そうした観客は、なにものかを醜怪や猥褻なものだと憫笑し、あるいは憐憫をかけることによって、自分が正常という安全地帯にいることを確認しようとしているのである。だから、フリークスたちが、自分たちは怪物ではなく、憐れみの眼差しを注いでいるあなたと同じ人間である、と主張し、観られるものであるはずのかれ／かのじょらがスクリーンの向こう側からこちら側に視線を投げ返している事態に戸惑い、狼狽《うろた》えた。それで、観客は、あくまでも自分たちが観客であるために、自分の卑俗さの上に公序良俗という衣装を纏って、人権擁護の観点から、道徳的な憤慨を表明したのである。奇妙なことではあるが、出演したフリークスたちのなかの何人かでさえ、映画に対し異を唱え、抗議をした。髭女のオルガは、この映画は、全世界のフリークスに対する侮辱であり、出演したことを遺憾に思っていると、後年表明している。

映画の公開契約は、劇場主たちによって取り消され、興行は失敗する。映画『フリークス』は、三〇年にわたって封印された。トッド・ブラウニングはその後もしばらくは映画を撮り続けたものの、もはやかつての華々しい喝采を耳にすることは二度となく、映画界を去り、この世界からも引退するまでのおよそ二〇年間を無為のうちに過ごした。

見世物小屋ではなく、映画産業に怪物たちを組み込むことに失敗したブラウニングと同様、フリークスたちも、その存在を産業社会にあらしめることはできなかった。字義通り身体そのものを商品とする、という意味では労働力商品として振る舞ったかのように思えたが、生殖という再生産以外の剰余生産にかかわらないので、労働力とは看做されなかったのである。たとえば、ナチス・ドイツは小人のショウを弾圧し、役に立たない人間としてかれ／かのじょらを、この世界から排除した。米国でデビューしたユダヤ系ドイツ人のリア・グラフはサイド・ショウの花形の小人であったが、故郷ドイツに帰還したがために、アウシュビッツに送られ、小人の研究材料として殺害された。

＊

それはともかく、映画『フリークス』には、「生ける骸骨」ピート・ロビンソンも出演している。「生ける骸骨」とは、極度に痩せた体軀を見せ物にする芸人たちのことである。芸人としてのかれらは、ほとんど男性であり、まさに骨格標本でもあるかのように、その身体を人前に曝け出したが、手足のない胴体人間や半身人間、シャム双生児といったひとたちのような、正常だと自認するものがその言葉を耳にしたときに直感的に思い浮かべるような畸形というわけではない。標準からの、極端な偏倚としたほうがより正確である。そしてまた、巨人や小人たちとは異なり、たとえば摂食の制限といった手段によって、それを眺めている側の観客も、ことと次第によっては手に入れることが可能だと思わせる身体である。とはいえ、やはり小屋代という対価に見合ってひとびとの驚嘆を呼ぶ身体である限り、生きているのが不思議なほどでなくてはならない。

記録に残っている「生ける骸骨」芸人たちでは、一九世紀のクロード・アンブロワーズ・スーラが一六七・五センチ（以下、インチ／ポンドをセンチ／キログラムに換算）の身長に対し体重は三二・四キログラムである。別の記録によると、身長一六二センチに対し体重僅か一六キログラム、上腕の周囲は一〇センチ、胸の厚さは八センチほどで、明るいところでは、鼓動に波打つ心臓が観察できたという。彼の食事は一日にパン一切れとワイン少々であったが、生涯を通じて完全に健康体だった。アイザック・スプラーグは二三・四キログラム（身長不詳）、ドメニク・カスターニャは身長一八〇センチ、体重二〇・七キログラム、そして、ピート・ロビンソンは二六・三キログラムだった。カスターニャは、建築事務所に勤めていたが生計が成り立たず、自らの身体を見せ物にしてヨーロッパを巡業し、成功をおさめた。しかし、貧弱な身体を人目に晒して生計を立てなければならない生活に苦痛を感じたのか、首を括って自らの身体にけりをつけてしまった。

実際かれらのなかには、芸のために食べないというよりも、条虫が体内に巣食っていたために痩せていたもの（スーラ。死後剖検により発見）、進行性筋萎縮症（スプラーグ）や脳下垂体機能の異常、悪液質、神経性無食欲症（いわゆる拒食症）と考えられている、医学における治療対象の範疇にあるひとが多い。

見世物小屋では、かれらの何人かは、やはり同じ芸人である肥満女性と組んだり、結婚していた。極度の肥満体もまた、「生ける骸骨」と同様、標準からの極端な偏倚をもった怪物的な身体であり、体重という軸に於ける一方の極と、他方の極との取り合わせの対比の妙が、この結婚を商業的に成立させていたのである。

ピート・ロビンソンは、肥満女性ベティー・スミスと結婚した。彼女の体重は二三五キログラムだった。体重四〇キログラムのジェラルド・リンディオフは、三〇〇キログラムのベルト・リリーを連れ合いとした。こうした例はあるものの、実際には、興行的効果を狙った宣伝のための結婚が大半であったらしい。

しかしながら、肥満芸人は、「生ける骸骨」とは、体型以外の多くの点で異なっていた。見世物小屋に登場する肥満芸人には、男も女もいた。肥満者が一般大衆相手のショウ芸人となるのは一八世紀以降で、有名なダニエル・ランバートは体重がおよそ三五〇キログラムであり、三九歳で心臓の脂肪変性のために死亡している。三〇〇キログラムを超える肥満者は一般人も含め結構数が多いが、二〇世紀の有名人としては、体重五六二キログラムのジョニー・アリーや、五三七キログラムのマイケル・ウォーカーなどがあげられよう。ジョニー・アリーは三四歳のとき、小屋の床を踏み抜いてしまい、脇の下で穴に引っかかり身動きの取れないまま死んでいるのが発見された。幼少時から肥満で有名であったロバート・アール・ヒューズは、心臓の持病があり、悪化した際も病院に入院させることが物理的に——空間的な余裕がなく不可能で、病院の中庭のテントで治療を受けたが、三二歳で亡くなっている。女性では、体重三七五キログラムのジョリー・デイジー、三五五キログラムのジョリー・イレーヌらがいる。四〇七キログラムのベイビー・ルース・ポンティコは入院した病院で、昼食に摂ったものを戻してしまい、重すぎて寝返りがうてなかったために、吐瀉物を喉に詰まらせて窒息死した。身体的疾患や不自由さのため、自らの体重により年齢的に若くして死亡に至った例が多いが、総じてかれら／かのじょらは、陽気な人間、幸福な人間であると看做されたし、また、ハッピーだのジョリーだのといった、それに相応しい芸名がつけられた。

全ての人口に見合った食料供給の不足と種類や質の偏りから、当然のことながら、富裕層・権力層ほど食事事情はよく、したがって、歴史的には大体において特権階級はがりがりに痩せてはいない。伝えられるところでは、プラトンも肥満に苦しんでいたし、ヘラクレアの僭主ディオニシオスは肥満を苦にしていた。アレクサンドロス大王の息子プトレマイオス七世は、自分では身動きもままならない肥満体であった。征服王ウィリアム、でぶ王シャルル、ルイ一八世や、法皇ではレオ一〇世も肥満で有名であるし、トマス・アクィナスも肥満した巨漢であった。

したがって、ふくよかな姿態は、富や、それによる余裕、寛ぎを連想させる。また、空間を大きく占領する肉の塊は、偉容と威圧感を観るものに覚えさせ、ときには畏怖さえ感じさせるだろう。そうした観念から、肥満芸人たちは、陽気で幸福なものとして扱われたのだと思われる。もっとも、小人の肥満芸人も、いたのであるが。

とはいえ、一方、おそらく肥満というものは、欲望の噴出の結果であり、それがゆえに充足を通り越して、過剰なまでに至った状態である、と観るものに思わせもする。欲望の赴くままに行為する自由を得たもの。それをなし得たもの。規範を逃れたもの。そうしたものに対する観客の羨望や嫉妬は、しかし、その代償としての過剰な身体を観ることによって、容易に侮蔑にとって代わることが出来る。身動きもならないほど脂肪で覆われた肉体を持て余し、なにをするにも、呼吸することさえ億劫そうで、鈍重に観える身体。過剰な栄養は、身体をよりよい方向に育み、健康を保たせるどころか、心臓やその他の内臓に負担をかけ、その身を支えるための関節を痛め、総じて長生きはあまり望めない。睡眠中にうっかりと自分の脂肪によって窒息してしまう怖れもあるような超肥満体は、悲惨な死さえも、ともすれば滑稽さを呼び起こすのである。その滑稽さとは、祝祭に於いてざわめきと哄笑のなかで屠り殺される、犠牲の獣にも似ている。肥満した肉体が齎《もたら》す滑稽さは、動物のように奔放な欲望、世俗的な脂ぎった欲望の噴出に対する罰であり、そう受け取ることによって、観客は、余裕と寛容さを持っているのは自分の方であると安心するのである。

女性の肥満芸人の身体には、さらなる意味が付与されている。古代の大地母神のように、もとより女性の身体は、生殖／出産との連想により、及び月経という月に結びついた生理により、自然の神秘と増殖のイメージと結びつけられる。さらに、その女性が豊満であれば、豊饒さと同時に、抱擁／包容を想像させる。無秩序で、乱雑に膨らみ、増殖していく、細胞の塊。時として、理不尽に荒れ狂うが、しかし、滅びることなく、産み出し、実りを約束するもの。手に負えないからこそ、ゆだねるしかないもの。他者を包容し、飲み込み、許し、尽くし育むというかたちで、他者の他者性を消し去り、無力化させて、支配するもの。巨大な乳房に顔を埋め全身を抱きしめられるというオブセッションは、母なるものの緩《ゆる》しと安堵への潜在的欲望に駆動されているのかもしれない。女性の肥満芸人は、それゆえ、極めてエロティックな、性的存在でもあったのである。

ともあれ、肥満が過剰さ、外部に向かう欲望の噴出を暗喩するとするならば、羸痩《るいそう》は欠如、閉ざされた節制禁欲を暗喩する。禁欲は、厳しく強い意志を必要とする故に、すなわち放縦にふるまう自然と対立し、本能を飼いならし、管理し、制御するが故に、男性的なものに結合されていく。だが、それは、力と支配の外に向かう男性性ではなく、他者を切断し、断罪し、否定し、拒絶し、排除する、男性性である。ひたすらの自足は、しかし、閉塞と衰弱と不毛をしか、緩慢ではあるが陰鬱な死をしか、齎さない。「生ける骸骨」は、その名の通り、まさしく死の匂いを放っているのである。

女性の超肥満芸人と男性の羸痩芸人との結婚が、商業的にも有利になるのは、肉体の変容の対極にあるものの組み合わせが面白いばかりではなく、放恣《ほうし》な欲望と節制禁欲、豊饒と不毛、包容と拒絶、併呑と排除、増殖と衰退、滑稽と陰鬱、性的なものと死を想起させるもの、エロスとタナトス——そうした相反するものが、いかなる様式において共存し、精神的にも物理的にもいかなる結合をするのかに対する、グロテスクな期待と好奇心を喚起させ、そそるからであろう。

グロテスクなのは、フリークスなどのサイド・ショウの芸人たちなのではなく、かれ／かのじょらの存在に、存在の在り方に、グロテスクなものを観ようと、そして、それらを見下すことによって自分の存在のまっとうさを納得し、安心しようとわくわく暗い期待を寄せる観客の方である。あるものが商品となるには、そのものに対する欲望が、なくてはならないからである。

*

「生ける骸骨」たちが、主として、その痩せた身体を見せることによって生計を立てていたとするなら、食べないという行為をすることによって食う（生計を立てる）ひとたちもいた。断食芸人である。

ルイス・ブニュエルのメキシコ時代最後の映画になる『砂漠のシモン』(一九六五年)のような断食行者は、教会のたびたびの禁止にもかかわらず古くから、近世に至るまで存在し続けた。映画のヒントになっていると思われる、四世紀頃のシリアの師父シメオンは、山中に入り、二〇メートル近い高さの石の円柱を立てて、毎日それに登り、神を礼拝した。シリア、メソポタミアやパレスチナの修道者たちのなかには、荒野に住まい、厳しい苦行を通して、神に近づこうとした一団もいる。こうした行者たちは、キリストの受難を分かち、魂の純化を目指し、霊的生活を実践するために、それを妨げる世俗的な身体の欲望を退けようとしたのである。身体は、さまざまな欲求をもち、欲望を起こさせるので、魂が神に近づくという霊的な目的から遠ざけてしまう、という考えによるものであった。食物は身体にだけ役に立ち、魂を駄目にする。そこで、あらゆる身体的欲求から解放されて自由になるために、身体的欲望を抑えようとしたのである。性的なものの禁断はもちろん、睡眠を制限することや、ひいては、自ら鞭打ったり、火傷を負わせたりといった身体への拷問を加えることすら行なったものもいる。もちろん、極端な節食や断食も、その苦行の重要なひとつである。しかし、激しすぎる苦行や断食は、神学的理由および組織規律の面から教会の禁止するところとなっていく。唯一絶対なる神が世界を創造したのであって、神が創ったものはすべて存在として善きものであり、喜びを与えられているのであるから、断食はそれを否定することに繋がる。また、受肉したイエス自身は、通常食べることを全く否定していない。したがって、極端な断食は、神が創ったものの拒否に繋がる上、それを行なうことをひとに見せることで、イエスが否定したファリサイ人たちの儀礼的な戒律の遵守、自己顕示に繋がるという神学的解釈である。また、共同生活を営む上で、断食による衰弱は、面倒なものでもあった。それで、教会としては、極端な断食は正当なものとはされず、断食行及び行者は、それそのものは神聖なものでないと看做されたのである。

一方でまた、そうした苦行とは関係なく、長期にわたって食事をとらないということで、人目を惹き、評判になるひとたちもいた。そうしたひとたちのかなりは女性であり、悪魔祓いの対象となったり、神の恩寵による奇蹟ともてはやされたりした。だが、多くの場合、なんらかの目的を持っているか、病的な動機からなる欺瞞、偽装であり、それを暴こうと、教会や司法、領主たちの官吏や医療関係者らの監視がつけられたりした。奇蹟を偽装することは、神に対する冒瀆であるし、医療関係者にとっては、長期にわたる不食など到底信じられなかったし、もし事実であるならば医学的な興味をそそったからである。そしてまた、奇蹟を行なうものと信じた民衆によって、寄進を受けるなどして、不正に稼いでいたからである。

こうした長期の不食のひとたちが、結果として金銭を民衆から得ていたということの延長上に、断食芸人は位置するだろう。かれらは、公衆の面前で、ときとして飲食店などにも設えたガラスケースに籠《こも》り、あるいは衆人環視の水族館などに場所を占め、医療関係者や科学者の立ち会い、監視がつくこともあるが、二〇日程度から、二ヶ月以上にも及ぶ期間の断食を公演した。医学界は、このような断食に懸念を示す一方、長期にわたる飢餓状態がどのようなものであるかを調べる格好の人体実験としても興味を抱いたのは否定できない。芸人たちの方も、医療関係者が立ち会うことは、自分の芸がまやかしではないことの証左となるので、これを拒まなかった。もちろん、隠し持った食べ物をこっそりと食べている芸人もあったが、多くの場合字義通り生命を賭けた芸であり、それでなくとも、衆人環視の下で——好き放題食事をし、芸人をみてひそひそと疑惑を語ったり、あるいは無視して談笑したりというひとたちに取り囲まれて、所在なく無為の日々を送らなければならないというそのことだけでも、苦痛を伴う芸であっただろうことは、おそらく間違いはない。長期の不食の噂で評判を呼んだひとたちには若い女性が多く、また、現在の摂食障害/神経性無食欲症を患っている人のかなりは女性であることからすれば、不思議なことかもしれないが、断食芸人は男性の方が女性の数を凌いでいた。こうした芸人の公演は、一九世紀後半から二〇世紀初頭にかけて盛んになったが、一九三〇年代頃には急速に衰退していく。

「生ける骸骨」と断食芸人は、一見似ているが、まったく異なっている。「生ける骸骨」は、その身体そのもの、なんらかの不食ないしは病気の結果としての身体、に照準が当たっているのに対し、断食芸人は、食べるという行為の不在に、そしてその過程に、照準が当たっているのである。ある意味、断食芸人は、なにかに向かう身体に時間が畳み込まれた、おそらく死に向かう可能性を秘めたプロセスの芸だとも言える。

火を噴くわけでもなく、力自慢をするわけでもなく、奇妙な身体で驚かすわけでもない、ただ、なにも行為をしないこと、無為に過ごすこと、が、なにゆえ、芸となり得たのか? 観客は、そこに、何を観ることを欲望したのか？

あるいは、食べないということ、食べるという行為の不在、生の無為を、観られることによって支えている、断食芸人とは、何か？

＊

カフカの「断食芸人」（一九二一／二二年）。

常人であるならば抑えきれない欲望を制御し、限界に挑むことを敢行している断食芸人に対して、疑惑の目を注がずにはいられない、満腹した観客。断食芸人はずるをしているに違いないという、観客の期待を跳ね返し、わざと手を抜いてつまみ食いを多めに見てやろうとでもするような見張り役の見当違いの親切を辛い仕打ちだと悲しく思い、断食芸人は、芸の誇りを賭けて、断食行を続ける。しかし、かれにとって、それは、誇りではあっても、実はいっこうに苦しい禁欲の荒業ではないのだ。断食がいかに容易いことか、かれは知っていたのであり、むしろ、かれにしてみれば、断食はこの世でもっとも容易いことでありさえしたのだ。つまり、かれは、誘惑に抵抗し、節制や禁欲をすることに価値を認め、それに挑戦しているわけではなく、その禁欲が容易にできる自分の肉体を生きること、その肉体を生きていることに、誇りを持っていたのだ。観客の興味を惹きつけられなくなる四〇日を相場として断食が興行上の理由から打ち切られ、ファンファーレの時を迎えると、かれは苛立つのだ、どうしてこんなに辛抱がないのか、自分はさらに断食を耐えるつもりなのに、なぜ人々は耐えようとはしないのか、と。

やがて、時勢が変わり、栄光に満ちた断食芸もひとびとの関心から外れ、もてはやされることもなくなると、自尊心に満ちたかれも、サーカス一座と契約を結ばざるをえなくなる。動物たちの檻に混じって、檻の中で断食芸を続けるが、見せ物としては動物たちにも負けて、やがて忘れ去られてしまう。すっかり放置された檻に断食芸人がいることを思い出して、様子を見にきた監督が藁屑《わらくず》を棒で掻き回すと、なかに断食芸人がいた。藁屑に塗れながらかれは、いつになったら断食を止めるのかという監督に、「どうか御勘弁願いたい」と囁《ささや》くように言うのだ。

「かまわんとも」

「いつもいつも断食ぶりに感心してもらいたいと思いましてね」

「感心しているとも」

「感心などしてはいけません」

と、断食芸人が言った。

「ならば感心しないことにしよう」

と、監督が答えた。

「しかし、どうして感心してはいけないのかな」

「断食せずにいられなかっただけのこと。ほかに仕様がなかったもんでね」

と、断食芸人が言った。

「それはまた妙な話だ」

監督がたずねた。

「どうしてほかに仕様がなかったのかね」

「つまり、わたしは――」

断食芸人は少しばかり顔を上げ、まるでキスをするかのように唇を突き出し、ひとことも聞き洩らされたりしないように監督の耳もとでささやいた。

「自分に合った食べ物を見つけることができなかった。もし見つけていれば、こんな見せ物をすることもなく、みなさん方と同じように、たらふく食べていたでしょうね」

とたんに息が絶えた。薄れゆく視力のなかに、ともあれさらに断食しつづけるという、もはや誇らかではないにせよ断固とした信念のようなものが残っていた。

「よし、かたづけろ!」

と、監督が言った。

(フランツ・カフカ「断食芸人」『カフカ小説全集4　変身ほか』池内紀訳、白水社、二〇〇一年)

他者との交通、関係性を、拒絶して生きるもの。外部から押し寄せる他者、そして他者の法-

生の技法、仕組みを拒絶し、内側の生を生きるもの。
カフカの断食芸人はそのようなものとして在る。しかし、死んだかれの代わりに檻に入れられた豹は、自由すらも自らに備わっているように、生の歓びの熱気が内側から放っていなかったか。その生の力に、見物人が耐えることすら、困難であったほどではなかったか。

断食芸人は藁くずといっしょに葬られた。代わって檻には一匹の精悍な豹が入れられた。ながらく放りっぱなしであった檻に、いまや生きのいい豹が跳びまわっている。どんなに鈍感な人にも、目のさめるようなたのしみというものだった。豹には何不足なかった。気に入りの餌はどんどん運びこまれた。自由ですら不足していないようだった。必要なものを五体が裂けるばかりに身におびた高貴な獣は、自由すらもわが身にそなえて歩きまわっているかのようだった。どこか歯なみのあたりにでも隠しもっているらしい。喉もとから火のような熱気とともに生きる喜びが吐き出されていた。

（カフカ、右掲書）

豹はなるほど檻に捕われ、生を繋ぐ食物を敵である人間の手から受け取ってはいるが、言葉の外部で、意味の及ばぬところで、法の彼方で、あるいは法の綻びの狭間で、生きている、生きる場所を強固に確保している。言語の、意味の、法の内部にありながら、しかし、ただ在ること、いまここに在ること、そのことだけを恃《たの》む根拠に、力を放っているのだ、世界に向けて。その野生の力は、身体に充溢し、内側から外部へと奔流するまでに、法をたじろがせ、圧倒し、耐えられないほどにするまでに、生成していくのだ。

拒絶を生きる断食芸人には、内側の生のみで自足し、その身体を生ききることは、あらかじめ不可能なのであり、自らの内部に墜落していくしかない。

なぜなら、拒絶である限り、それでありながら、観客を必要とする限り、かれは法の内部に捉えられているのであり、なにものからも逃れているわけではなく、管理の下にあるからだ。

自らの内部に墜落していってはいけない。

そうではなく、たとえ檻の中に捕われながらも、観客の眼差しとは一切かかわりなく、愚鈍に生きること。

たとえ餌であっても、どうどうと臆面もなく平らげること。

歯の隙間に自由を隠し持つこと。

そこに、身体を使い切り、生ききる充溢がある。

9　ざわめきの静寂

愛は、汚れた結末のなかに消えることが多い。誰かがそれを殺すことがある。そのときにその愛の死は、人の胸を抉る。

ヴェルコール『星への歩み』

食べることを拒み、食物を嫌悪したりもし、あるいは自分が食べないことを常態と認識し、その結果、極度に痩せたり、栄養不良やその他の身体的異常がみられるというようなひとびとの例に対する記述は、ヨーロッパにおいて一六世紀にはすでに文書にあらわれている。

そうしたひとびとの様態が、医学の範疇で取り上げられ論文のなかに記述され出すのは、一七世紀のロンドンの開業医であったリチャード・モートンが「神経性消耗病」と呼んだものを嚆矢とするのが一般的であるようである。

その後、一九世紀前半に、脳機能の異常により食欲の欠如をきたすと考え、「神経性無食欲」としたフルーリー・アンベールや、無食欲を精神‐観念の問題としたルイ＝ヴィクトール・マルセ、食べることに対する強い恐怖や嫌悪を抱く食物狂 sitomania（一般には食物恐怖 sitophobia）の原因を、幻覚を起こすある種の脳の病的な状態と考え、食物に毒が入っているという恐怖の妄想とは別に、周囲のひとびとの注目を熱望するヒステリー女性の症例も記述したウイリアム・スタウト・チップリーなどが、器質的原因以外の拒食に関する症候群について考察している。

今日的な意味での神経性無食欲症の像が記述に於いて確立されていくのが一九世紀末であり、英国人のウイリアム・ウィゼイ・ガル、フランス人のエルネスト・Ch・ラセグによってであるとされている。ガルは、神経性無食欲症と呼び、ラセグは、それをヒステリー性無食欲症（ラセグを引き継いだフランス語圏では、後に、精神性無食欲症）としたが、主として少女と若い女性に起こること、著しい食物摂取の減少の結果、身体的に高度の痩せや栄養不良がみられ、便秘や無月経を伴うことが多いこと、身体的不安をもったり活動性が高かったりすると同時に病識の欠如がみられること、症状の身体的原因は発見されず、神経性ないしは精神的な起源のものと考えられること、とした点で共通しており、現在の見解に通じている。

二〇世紀後半になると、臨床的特性や心理学的特徴の記載から、神経性無食欲症の輪郭は、矛盾に満ちた食欲喪失と、成熟拒否、身体嫌悪に大別された。矛盾に満ちた食欲喪失とは、食行動の異常、すなわち、食欲の喪失の一方で、隠れ食いや多食などの行為がみられることをいう。著しく痩せながら、非常に活発に行動するといったことも特徴づけられている。そして、第二次性徴の到来による肉体性、官能性の現実化が若い女性の実存を揺るがすため、成熟した女性の身体となることへの激しい恐怖と嫌悪から、拒食的態度を取る思春期やせ症という病態の輪郭が出来た。

さらに、ヒルデ・ブルックは、基本症状とされた羸痩と無月経、成熟拒否で括ることの出来る諸行動の中核的問題は、自我同一性障害にあるとした。著しく痩せているにもかかわらず太っていると主張するような、自己の身体イメージないしは身体概念の障害、身体内部から発する刺激を正確に知覚し認知的に解釈することの障害（空腹や疲労等の心身の変化を否定し、過活動に走る）、主体性の欠如による無力感の三つを、病態の本質とした。

ともあれ摂食障害、すなわち神経性無食欲症やそれと関連性の強い神経性大食症というものは、その疫学的な調査からすると、時代や地域に依らず、総じて思春期、青年期、成人初期の女性の罹患率が高い、とされる。

このことをグレアム・J・テイラーは、ナッサーやストリーゲルムーア、シルバースタイン、ローディンら幾つかの論文をもとに、次のようにまとめている。

摂食障害になりやすいひとの性格傾向としては、自己制御のための適切な心理構造を持たないので、自分の身体的イメージを、その文化での理想のような外的な要因を不当に受け止めてしまう。そうした身体イメージによって、自己の体験を堅固なものにしていく。典型的には、「最も好ましい」あるいは「健康的な」体重よりも、やや低い体重を理想として、自らに課す。こうした理想体重は、女性らしさ、人気、成功が外胚葉型の体型に結びついている今日の西洋文化における[(＊-1)]イメージにのっとったものである。男性に対して、文化的に規定された理想体型が中胚葉型であるという事実をみれば、神経性大食症や神経性無食欲症が、何故男性には少ないかということが、少なくとも部分的には説明できる、というものである。

アレキシサイミア（失感情症）研究の第一人者であるテイラーは、アレキシサイミアは異常な食行動や身体イメージの障害、痩せることへの飽くなき追求などと直接関係がないものの、摂食障害の基本的特徴である内受容的な混乱、感情を伝えることの困難さ、強烈な無能感に関係しているとの実証的証拠が存在し、神経性無食欲症患者と神経性大食症患者の両方に於いて、一貫して高率でアレキシサイミアが見いだされたとしている。

アレキシサイミアというのは、(テイラーらに従うと) 古典的心身症の患者の多くが、主観的な感情を述べるのが困難で、外的な事象の些細な部分に拘《こだわ》り、欲動に関した空想が欠如しているといったことから、P・E・シフニオスがこのような認知・感情的特徴を指すのに、ギリシア語の a (欠如)、lexis (言葉)、thymos (情動) から造った語である。

その構成概念は、

(1) 感情を認識し、感情と情動喚起に伴う身体感覚を区別することの困難
(2) 他者の感情について語ることの困難
(3) 空想の乏しさが明らかな、限られた想像過程
(4) 刺激に規定された、外面性志向の認知様式

である。

たとえば、これらの患者は、共通して自分は不安だといい、抑鬱気分を訴えるが、その不安について詳しく尋ねると「落ち着きのなさ、じっとしていられない感じ、苛立ちや緊張」についてしか話さず、抑鬱気分について尋ねると、「空虚、空っぽ、退屈、傷み」の感覚についてしか述

べない、という例が挙げられている。

神経性無食欲症患者は、自分の身体の内部に起こってくる刺激、空腹感や満腹感、栄養不足の生理的結果としての疲労や脱力感を正確に知覚したり、認知的に解釈したりすることが困難である、ということを、ブルックは観察した。患者は、自分たちの感情がなにであるのか見極めることが出来ず、困惑し、そうした感情を表現することが出来ない。内的体験に対する認識の欠如や、感情、思考、身体感覚を手がかりに行動できないことは、ブルックが摂食障害者の顕著な特徴のひとつとした打ち克ちがたい無能感を産み出すという。身体や感情に対する気づきの欠如が甚だしい場合は、患者は自分自身の身体を自分のものとして感じず、自分自身の人生を生きているという認識自体が全く欠落してしまって苦しむこともある、ということをブルックは述べている。

セルヴィーニ・パラゾーリも、神経性無食欲症の根底にある問題は、自我の無力感であり、アイデンティティの自己効力感の欠如、さまざまな種類の感情状態、衝動、願望を認識し、区別する能力がないことを強調した。(*-2)

＊

さて、さしあたり、医学的な範疇にある神経性無食欲症の専門的な分析についてはさておき、食べることを拒否するひとたちについて記述されている、自分の身体の感覚に対する気づきの欠如や、無力感とは、なんなのであろう。食べることを拒否する、とは、実のところ、一体なにを拒絶しているのだろうか？

ふたたび、フランツ・カフカ「断食芸人」について。

断食芸人は、自分の芸が時代から取り残され、観客の興味からはずれて、見離され、うち捨てられても、なおもひとり、動物小屋の並びの通路際に置かれた檻の中で、食べない、という行為、あるいは、食べるという行為の拒否を、孤独に続行する。もはや、そこには、観客‐他者の、達成への期待に満ちた、あるいは、ずるをしているのではないかという疑惑や、驚嘆、好奇といった視線はない。

かつては、そうした他者の視線に支えられて、かれは、断食行を続けてきた。行為の不在が、ないしは、不在の行為が、そこに在る、そのことをみずからの身体で表現することによって、かれは、世界のうちに、自分が自分であるための自分の場所が在ることを、事後的に確かめてきたのだ。断食行を見せる、ということは、観客の視線を前提としているのであって、すなわち、他者の眼差しの支持によって、自分の身体を浮かび上がらせているからである。

観客がそこに期待しているかもしれない、とかれが願うもの——生き物としての肉体が内在的に持つ、生きるための激しい欲望、意志によって生起するのではなく、意志とは無縁の身体の奥底から突き上げてくる衝動のうねりを、意志でもって耐えている姿、身体を凌駕し、身体を制御する意志の力の勝利。そうしたものを、自分が有しているということが問題なのではなく、観客の期待や、疑惑に溢れた視線に晒され、それに応答している自身の身体が重要なのである。観客が持ち得ない強い意志をもってかれが苦行に耐えているであろうと、観客が想像することによる賛嘆。あるいは、それほど、単純ではない観客ならば、断食芸人の存在そのものに、疑いの念を抱くだろう。生きることを根源的に保証するのが食物であり、生きること、つまり食べるということに対する欲望はこの身体に備わっているものであるならば、生きている身体だからこそ作動している意志が否定できるはずはない。であるから、生きている人間なら持ち得ないはずの意志を持っているとする断食芸人の、食べるという行為の不在は（あるいは、食べない、という行為は）、生きている人間であることの拒否であるか、さもなければ、まさに、芸、つまりは、なにかの作為、トリック、まやかし、欺瞞であるに違いない。そう、観客は考える。いや、観客は、そう考えるはずだと、断食芸人は考えたに違いない。

それゆえ、断食芸を見張り、監視する人間、三人の「肉屋」を、かれ自身が望んでつけているのだ。

しかしながら、連日連夜、片時も目を離さず見張っているなどできることではないし、それゆえ、断食がつゆほどの疑いもなしに継続しているとは、誰にも断言できない。それが出来るのは、ただひとり、本人であるかれ断食芸人だけであり、かれだけが、同時に心から満足した観客というものだった。しかし、別の理由から、かれは決して満足してはいなかった。なるほど、正視に耐えないほど痩せてはいたが、断食のせいで痩せたのではなく、むしろ、自分に不満でそうなったのかもしれない。というのは、かれは、ひそかに誰もが知らないことに気づいていたからであり、それは、なにかというと、いかに断食が容易いことであるか、ということであって、この世で最も容易いことと言っていいほどであることだ。

そしてまた、かれの断食行を、監視者はもちろんのこと、誰もがまじめにとってくれないので、ますますもって気持が塞いでくる。断食が進んでいる最中、悲哀につつまれて、やにわにかれは跳ね起き、獣のように檻を激しく揺さぶり、人々を怖がらせたりもするのだ。そういうとき、興行主は、かれに罰を与えて、見物人にこう言って詫びる——それもこれも断食のなせるわざであって、満腹した人間には到底判らない苛立ちなのです。この先いくらでも断食できるなどと豪語するのも、同じ理由からだとお聞き流しください。そして、興行主は、断食芸人の振る舞いに、高邁な努力と、相手を楽しませようとする善意、偉大なる自己否定の精神を汲み取ることを要請する。

そう、かれは、他者の眼差し、他者の期待、他者の価値——だと、かれが思うもの——に捕えられ、縛りつけられているのであり、かれの薄っぺらな身体は、他者の視線によって宙づりにされている。現実の他者との衝突、物質としての生身の他者との交通を回避し、かれを包囲する他者の眼差しに射すくめられたまま、所在なげに、かたちなき意識のなかに閉じ込められているのだ。

かれは、物質である自分と他者との交通、衝突によって、物質である自分が傷つき、変形することをまるで怖れてでもいるかのようだ。いや、おそらく、そうではあるまい。かれが怖れているのは、傷つくことではないのだろう。つまり、かつて傷ついた経験が自分に刻み込まれており、その疼きの記憶が傷つくことを怖れさせているのではなく、傷ついたことがないから、もしくは傷ついたことがあるにしても、それを意識して受け止め、刻み込んだ記憶がないから、傷つくことを怖れているかのように思える。

観客が、外部が、驚嘆し、到底困難なことであるからこそ、それをやり遂げることに疑いを持つ、すなわち、外部が価値あるものとして見いだす断食‐身体と意志との戦いを、かれは、担っているのではない。戦いをしているのではなく、身体をフィールドとしながらも、身体の厚みを必要としない自閉的な観念に、拒絶のなかに生きているのである。その拒絶は、世界の外側に踏み出して、世界を拒否し、世界と対峙するものではない。それは、存在のいたたまれなさの、証しなのである。

かれが為している断食、食べることの拒絶、他者‐世界との関係性の拒否は、それが成功すればするほど、自己の存在そのものを拒絶していくことになる。断食芸人は、興行主によって四〇日と限られた断食芸を、何の苦痛もなしに、いとも容易くいつまでも続けることが出来るのだと思っているが、もし、それが可能だったとしても、その行き着く先は、死である。断食の末の死は、他者との交通の拒絶の貫徹という意味では勝利かもしれないが、同時に、それは、自己の存在そのものを消滅させるものであり、敗北でもある。他者に向けた拒絶が、自分そのものの拒絶に跳ね返ってくるのだ。つまりは、いみじくも興行主が言ったように、「偉大なる自己否定」に他ならない。こうして、かれは、身体を生きながら、身体の知覚や欲求を、はては身体に内在する（はずの）「生きようとする力」を、捨て去ってしまったのである。そして、傷ましいことに、そうすることが、かれの労働であり、その不在の行為を持続するしかなかったのだ。

　他者の視線に照準が当てられ、他者の視線に支持された断食芸が、やがて時代の趨勢とともにひとびとの関心から外されていくと、ついには、自分と外部との手がかりも見失い、こんどこそ居場所をなくして、崩落してしまわざるを得ない。繰り返すが、かれは、身体をフィールドとし、身体を生きながらも、身体に刻みつけられた他者との交通の痕跡を持たず、持っていたとしてもそれに配慮を払わず、身体のざわめきを否定してきたからである。

　崩落し、死へと行き着く間際、かれは、忘れ去られていた檻の中のかれの存在にようやく気がついた監督に向かって、断食をやめることは勘弁して欲しい、いつもいつも断食ぶりに感心してもらいたいと思う、しかし、感心してはいけない、断食せずにはいられなかっただけのことで、他にしようがなかったからだ、つまり、自分は、自分に合った食べ物を見つけることが出来なかった、と、囁《ささや》く。

　存在のいたたまれなさが、自分の身体に根拠を置くことをも許さず、ひたすらみずからの内側に墜落し、とりはぐれていく無力感。

無為。

＊

なにもなさないこと。なにも。

「霊廟」という渾名で知られるニューヨーク拘置所の近くに事務所を構える法律家の「私」のもとに筆生として雇われにきたバートルビーも、無為を決意した人間だった。ある夏の朝、「私」の出した広告に応じて、開いていた扉に立っていたのは、蒼白なまでにきちんとした、哀れなまでに立派な、癒しがたいまでに見捨てられた姿のバートルビーだった。「私」は、「私」と事務員たちを分ける折り戸でふたつに仕切られた事務所の折り戸の傍ら、すぐ隣の建物のためにはるか上方からしか光の射さない窓際にかれの机を設えてやり、さらに間仕切りを調達した。それで、バートルビーの居場所は「私」の声の届くところにありながら、完全に「私」の視界から除外されたところ、いわば私的領域と社会とが結合したところとなったのである。初めのうち、かれは昼夜を問わず、沈黙して、蒼白に、機械的に、貪り食うように並外れた量の筆写を行なった。三日目、「私」が書類の点検を手伝うようかれに頼むと、自分の私的領域から動くこともなく、特異なまでにおとなしくも堅固な声で「しないほうがいいのですが」と応えた。その後もかれは「私」の頼みには応じることなく、事務所から一歩も出ることもなく、ただひたすら書類を写すという自分の独特な業務以外はなにもしなかった。事務所の使い走りの少年が買って来るジンジャー・ナットをふたつ受け取るだけだった。「私」のいかなる頼みにも、どんな些細なことでも、懇願でも、話がしたいのだという単なる問いかけにも、かれは「しないほうがよいのですが」としか答えなかった。「したくないのか」という問いにも、「しないほうがよいのです」と言うだけだった。こうした受動的抵抗に対して、「私」は解雇してやろうと心に決めるのであるが、しかし、奇妙なことにそれを遂行するのを自分に禁じる心も感じていた。数週間後のある日、かれは、もう書かないことに決めた、と告げ、その理由を問う「私」に、理由はご自分でおわかりではないですか、と無関心に答えた。かれが出て行くことを前提に、未払いの賃金に追加の金を加えて筆写台の上に置くが、それはかれの前提だというわけではなく、かれは事務所から出て行くこともしない。とうとう、「私」の方がかれのところから出て、事務所を引っ越すことにする。新しい借り主である弁護士は、バートルビーの扱いに困った挙げ句部屋から追い出すのに成功したが、今度は建物全体のあちこちに住み憑いてしまった。困り果てた家主に頼まれて、「私」はバートルビーにいろいろな職を提案するが、かれはやりたくない、とはいえ決まった望みがあるわけでもないと答える。家主は業を煮やして、警察に人を遣り、バートルビーを「霊廟」つまり監獄に入れてもらう。面会に行った「私」にバートルビーは、食事をしないほうがいいと話して、「私」の配慮の弁当屋の世話になることもなく、ものを口にすることなく虚ろに寝そべったままだった。バートルビーの死後数ヶ月経って、かれが「死んだ手紙部局」の下級局員だったが、行政の当局により突然解雇されたという噂を耳にする。死んだ手紙部局 the Dead Letter Office とは、宛先不明などの配達不能郵便を処理する部局のことである。

ハーマン・メルヴィル『バートルビー』。

（……）配達不能郵便《デッド・レターズ》！　それは死者《デッド・メン》のような響きがしないだろうか？　生まれつき生気なきよるべなさに苛まれがちだったのが、身の不幸によってさらにその傾向が助長された、そんな男を思い描いてほしい。それをなおいっそう高める上で、これら配達不能の手紙を四六時中扱い、火にくべるべく仕分けする以上にうってつけの仕事があるだろうか？（……）絶望して死んでいった者たちに赦《ゆる》しを。希望なく死んだ者たちに希望を。ひとときの安らぎもない不幸によって息の根を止められた者たちに良き報せを。人生の使いを携えて、これらの手紙は死へと急ぐ。

ああ、バートルビー。ああ、人間！

（「書写人バートルビー」、柴田元幸訳）[*-3]

謎めいたバートルビーのなにもしないことというのは、断食芸人の拒絶とは様相を些か異にする。断食芸人は、その存在の性質上、どうあっても他者の視線を必要とした。他者の視線があってこそ、芸人としてのかれの存在が確保されていたのである。そのうえで、それを他者との相互の通行手段として用いるのではなく、他者の視線を受け止め傷つく前に拒否し、同時に、自ら曝け出した身体を他者の視線に絡めとられ、身動きがならなくなっている。バートルビーの場合は、「私」によってあらかじめ、私的領域と社会とが結合したところ、つまりは他者の声は聞こえるが視線が届かないところに、居場所をつくられる。視線は届かないのであるが、だが、常に自分の動向を監視されるよう――それが監視というに相応しくない柔らかなものであれ――に設えられた場所である。かれ自身が視線ないしは、他者による観察を必要としているわけではない。そして、バートルビーの無為の行為に先立って、しなければいけない命令‐職務が与えられているのである。つまり、断食芸人の場合、食べることをしない、という行為は外部からやってくるのではなく、少なくともなにもしないことが断食芸人の存在を成り立たしめている。が、バートルビーの場合、なるほど無為はかれの選択‐判断であったが、かれがおかれている場所の方からの命令、要請、懇願、働きかけがあってはじめて、「なにもしないほうがいいのですが」という応答が導き出されるのである。

「なにもしないほうがいいのですが」というのは、「なにもしない」ということではなく、先立った命令、要請、懇願、働きかけを行なっている他者にその承認が委ねられるものであり、バートルビーは他者の問いかけからつねにあとじさりし、あとじさりしつつ行為の不在を繰り延べているのだ。

したがって、バートルビーの無為は、「私」にとって不服従であるにもかかわらず、どこか所在ない落ち着きのなさ、困惑を感じるのは、もともとの命令を握っている「私」のほうになってしまっている。

さらにバートルビーの無為は、「私」という語り手によって観察される。その「私」は、バートルビーの雇い主であるばかりではなく、この物語において、語り手であるということから、物語の主体であり、バートルビーは客体である。だが、バートルビーの理不尽なあとじさりは、言語による説明というかたちで支配しようとしても、「私」の記述をすり抜けていき、ただ徹底した戸惑いばかりが残っている。命令者であり、主体である「私」は、物わかりがよく、善意の持ち主であるにもかかわらず、けっしてバートルビーに接近することができないまま、漠然とした苛立ちを抱え込まざるを得ない。なんという、不服従。

もともと、バートルビーは「死んだ手紙部局」という配達されなかった手紙を処理する部署に配属された下級局員だった。宛先不明などの理由での配達不能郵便——他者への働きかけ、他者の可能性、起こったかもしれないこと、それらが果たされないまま、潰えてしまった不在の未来、そうしたものを埋葬する仕事である。起こりえなかった未来の残骸を処理する場からも弾き跳ばされて、「私」のところにやってきたバートルビーは、どこに後退していったのだろう。「なにもしないほうがよいのですが」と、あらゆる支配からあとじさりして、ただ存在することのみにおいて、この世界に居場所を確保しようとしたバートルビー。はたしてかれは、断食芸人のように、自らの内部に墜落していったのだろうか？

バートルビーが生きながらにして送り込まれたのは、霊廟と呼ばれる監獄であった。そして、そこでもかれは、無為を貫ぬき、無力のまま、死んでいった。「私」に、所在ない戸惑い、ざらつき、ぬぐい去ることのできない引っかかり、違和感を残して。

霊廟。しかし、わたしたちは、遙か未来からみれば死者たちの群れのひとりでもある。

*

なるほど、〈わたし〉たちは、無力だ。

しかし、無力感を抱くことと、無力な状態を耐え、それでも生き抜くことは、異なるのだ。

野生の動物は、病原菌に冒されたとき、頑に食べることを拒否することがある。それは、もちろん、病気のために、食物に接近する体力がないこともあるのだろうが、そうではなく、食べないことによって、身体は、侵入者と闘っているのだ。食物をとらず、栄養補給路を遮断することによって、同時に、侵入者への栄養補給も断ち、かれらの活動を削ぐという戦略なのである。それは、賭けだ。ぎりぎりの衰弱まで持ちこたえ、怯えながら、苦痛に耐えながら、なにもしないでいるのは、生への帰還の過程なのである。凝《じ》っと蹲《うずくま》った、無力な身体。だが、その厚みを持った身体の内部では、生きること、生きようとする力が漲《みなぎ》り、激しい闘争が繰り拡げられている。

いや、物質としての〈わたし〉たちは、すでに、物質のかかわりの中で生きているのだ。固く、強張ったような身体にみえても、たえず、他者/他の存在との関係性の紡ぎ合い、運動の中で、衝突し、干渉し、変化している。それが、〈わたし〉たちにとっての、愛であり、生の歓び、なのだ。胎児は、羊水の中で、外部の刺激を感じて、足を踏み鳴らし、手を振り上げて、踊るように、生を歓んでいたではないか。

〈わたし〉たちは、その状況に応じて恣意的に、人間と呼ばれ、おんな／おとこと呼ばれ、民族や国籍や出自や所属で呼ばれ、体型や容姿で呼ばれ、勝者／敗者と分類されるかもしれない。そして、その名づけを当然のこととして受け入れたり、誇ったり、唇を噛み締め無力さに打ちひしがれるかもしれない。なにものかによって抛擲《ほうてき》された分類箱で、縮こまり、蹲《うずくま》るかもしれない。けれども、本来性、などは、ない。〈わたし〉たちは、なにものでもない。変化する力を内側に秘め、たえまない他者との交通の中で、その都度、傷つき、変形し、他者とともに存在し、ともに運動することによって、瞬時瞬時、〈わたし〉は変化し、〈ほかならぬこのわたし〉が立ち現れるのだ。

そう、怖れることはなにもなかったのだ。

たとえ、どのようなかたちであれ、そのとき、徹底的にこの世界に場所を占めること。無力であっても。

無力であること。

それは、無数のざわめきが交差する一点では、あたかも無音に感じられてしまうように、あらゆる可能性に向けて変化する力が無数に潜んでいることなのだ。

〈わたし〉は、いま、ここに、たち現れた〈ほかならぬこのわたし〉で在ること以外、なにものでもない。

＊－1　ここで引かれている外胚葉型というのは、ロンブローゾの犯罪人類学を引き継ぎ、人間の体格と性格（気質）を関連させた心理学者で医師であったウィリアム・シェルドンが提唱したものである。人間の性格を左右する体格を、ソマトタイプと呼び、外胚葉型・中胚葉型・内胚葉型の極端な三つの類型を設定して、実際の人体をこの三角形のなかに数値化したものである。現在では、こうした体型による性格類型論は認められていない。

外胚葉型（ectomorphy）というのは、外胚葉から発生している神経系や感覚器官、皮膚組織のよく発達している体型とされるもので、高身長で痩身、平らな胸に薄い筋肉、怒り肩、大きい頭部を特徴とし、シェルドンの三気質成分では頭脳緊張型と関連づけられる。性格特徴は、自我意識が高く、芸術的、内向的、一人でいることを好み、人間嫌い、感情抑制的、精神的不安定が挙げられている。クレッチマーの細長型に対応する。

中胚葉型（mesomorphy）は、中胚葉から発生している骨格、筋肉等がよく発達した体型とされ、頑健で筋肉質、肉厚で厚い皮膚を特徴とし、身体緊張型と関連づけられる。性格的な特徴としては、力を望み、競争的、支配的、冒険や挑戦を好み、他者の気持に対して鈍感、無関心である、とされる。クレッチマーの闘士型に対応する。

内胚葉型（endomorphy）は、内胚葉から発生している消化器系がよく発達した体型とされ、全身にわたって柔らかく丸く太っていることを特徴とし、内臓緊張型と関係が深いとされる。性格的な特徴としては、社交的で寂しがり屋、食べることを愛し、感情は安定している、とされる。クレッチマーでは、肥満型として分類されているものである。

＊-2　ここまでは、以下の文献に多くを負う。臨床精神医学講座S４『摂食障害・性障害』牛島定信責任編集、中山書店、二〇〇〇年。ワルター・ヴァンダーエイケン、ロン・ヴァン・デート『拒食の文化史』野上芳美訳、青土社、一九九七年。グレアム・J・テイラー、R・マイケル・バグビー、ジェイムズ・D・A・パーカー『アレキシサイミア　感情制御の障害と精神・身体疾患』福西勇夫監修、秋本倫子訳、星和書店、一九九八年。

＊-3　放送大学のＷＥＢサイト「世界の名作を読む」より　http://www.campus.u-air.ac.jp/~gaikokugo/meisaku07/eBook/bartleby_v.pdf

10　星の海に魂の帆をかけて

深い森の中、無花果の樹は、かれらにとって大いなる恵みだ。群れの仲間とともに、その甘く、滋養豊かな季節の贈り物を堪能し、愉しむ。馨《かぐわ》しい香りを嗅ぎつけたのだろう、恩恵に与ろうと、同族ながらかれらとは異なる群れが近づく気配がする。かれらは、ひっそりと樹々の陰に身を潜め、待ち伏せる。縄張りを犯したことを知らないのか、あとからやってきた群れは、無防備に無花果の実に手を伸ばす。そのとき、いっせいに、かれらは、自分たちの場所に侵入してきた異なる群れ、すなわち敵に襲いかかる。執拗に追いまわし、激しい攻撃を加える。森に住む技に長けたかれらとはいえ、高い樹から落ちると、致命的な打撃を受けることもある。母と逸《はぐ》れたこどもを、かれらは、捕まえた。歓喜。侵入者たちを追い散らし、ふたたび落ち着きを取り戻したかれらは、捕えた敵のこどもを殺害し、その身を引き裂き、肉片を口にする。饗宴。群れの仲間に、死体を回し、肉片を分ち与えながら、陶酔したように、一心不乱に肉を貪《むさぼ》る…。

およそ六〇〇万年か、それ以上前、わたしたち人類と、かれらチンパンジーは、同じ祖先から袂を分ち、別々の道に進化していった。チンパンジーは、ボノボとともに、人類に最も近い遺伝子を持つ。そのチンパンジーは、同じ霊長類で、通常は植物食が中心で稀に昆虫食の食性をもつオラウータン、ゴリラ、さらにはボノボとも異なり、多様な食性を持ち、積極的にハンティングをして、イノシシのこどもや小型羚羊《れいよう》類、ヒヒやコロブスといった猿など小型哺乳類を食べる習性がある。他種の肉を食べるばかりではない。ジェーン・グドール博士が最初に観察した、チンパンジー同士の殺害は、研究者たちに衝撃を与えた。かれらは、他集団だけではなく、同集団のこどもを襲い、殺害して食べることもあるのである。また、かれらは、ときとして、他集団の雄を、縄張り争いのような闘争の場ではなく、ひとりでいるときを狙って、故意に殺害する、ということすらやってのける。

なんと、わたしたち人類と、かれらは似ていることだろう。

チンパンジーからさらに進化して、直立歩行が得意であり、より一層人類に近いと思わせるボノボは、しかし、わたしたちやチンパンジーとは違って、積極的な肉食をせず、植物食が中心の狭い食性しかもたない。そして、かれらは、群れの緊張をほぐし、闘争を回避する、ホカホカという友愛の形式をもつ。わたしたちヒトと、チンパンジー、ボノボのいずれが優れているか、あるいは残酷であるか、ということではない。生きる形式が異なるのである。

ボノボは、現在絶滅の危機に瀕しており、(*-1) やがて、風に散る砂粒のように、虚空の果てへ消えていき、記憶だけが痕跡として残るだろう。

*

なぜ、人を殺してはいけないか。

わたしたちは、生きている、その一点に於いて、他者の死との逃れがたい関係性のなかに、おかれている。物質循環という視点からみれば、生命体としてのわたしたちは、他者の死を繋いで生きている、ということについては、いまさら述べるまでもないだろう。わたしたちの生は、混沌とした死のなかに浮かびあがる、泡立ちの煌めきである。

殺害の禁止理由は、生命体であるわたし、ということを基軸にするならば、論理的には語り得ない。

殺害、ということを考えると、まずはわたしたちは生きているという前提があらかじめあるだろう。生命体としてのわたしたちは、その生命を繋ぐために、他者 - 生命体を食べなくてはならない。無機化合物だけを炭素源とする独立栄養を営む生物の類までを考えると、厳密に食べるということがどういうことであるのかは難しいが、環境から栄養を取り出すかれらは食物連鎖の起点となっている。食物連鎖ということを考慮に入れると、あらゆる生命体は、食べる、ということで繋がりを持っている。もちろん、植物はそのなかに組み込まれており、かつ植物も生命体であるから、厳密な菜食主義者といえども、生命体（の死体）を食べていることになる。

それはさておき、動物性タンパク質を得るために、わたしたちは、直接的、間接的に、動物を殺害して、その肉を摂取する。現在、どの動物を食べ、どの動物を食べないか、あるいは、忌避するか、ということは、社会、ないしは文化によって異なってはいるが、選択の基準としては、自然環境条件と生産様式、その肉を得るための投入エネルギーと摂取エネルギーの収支などから決定される要因が大きい。おそらく、人類は太古、もちろん常食としてではないだろうが、同類を食べていたことを否定する理由はないし、近い歴史を見ても、動物性タンパク質を得るための動物が容易に手に入らないような自然環境条件の下で生きているひとたちのなかには、たとえそれが宗教的儀式や、敵への心理的報復ないしは超克であるなどといった理由付けがなされようとも、食人を風習としてもつひとたちがいる。とするならば、完全な死肉食者（スカベンジャー）でないかぎり、肉を得る前段階としては殺害行為があるわけで、その対象をどの範囲まで許容するか、ということについて、行為に先立つ禁止理由は考えにくい。牛を食べてもいいが、人間を食べてはいけない、という禁止は、自明の、所与のものではない。同様に、牛を殺してもいいが、人間を殺してはいけない、という理由も、その根拠を説明するのは難しい。いいかえれば、食べるために殺害するのは仕方がないが、食べる目的以外に殺害することはいけない、と叙述することが出来るとするなら、食べるために人間を殺害することを、積極的に否定することは困難である。

殺害を禁止する理由を見つけ出すことは、無意味である。

それは、殺害の禁止が無意味である、ということではない。世界が存在していること、存在者が存在していること、そのことは意味というものでは抑え込めない。なぜ、生命体が存在するのか、なんのために存在しているのか、なぜ生きるのか、これをわたしたちの言語で抑えることはできない。であるから、その存在を殺害することの禁止の理由や根拠を見つけ出そうにも虚無へと拡散してしまうほかない、ということである。

とはいえ、では、殺害の禁止に対して、ひとは疑問を抱いているかと言えば、通常、そのことについて問い返すことなく受け入れている。

犯罪とは何か、ということを、法律が禁ずることを行為したり、法律が命ずることを行為しないこと、といったような同語反復に陥らずに定義するのは極めて困難であるにもかかわらず、街頭に立って通行人に尋ねてみれば、返ってくる答えのなかでもっとも頻度の高いものは、犯罪の定義ではなくして例証である、とハンス・マグヌス・エンツェンスベルガーは、書いている。しかも驚くべきことにいつも同じ例証、すなわち、犯罪というのは例えば人殺しである、と。殺人が、犯罪統計のなかでは脇役であり、相対的に稀なのに、一般の意識のなかでは大役を演じているのである。殺人が、本来の犯罪、最古の犯罪、主要な犯罪であることは、さらに古代の報復の掟の側からもあきらかにされる。最古で最高の刑罰である死刑は、これによって報復されているものを、つまり殺人を前提としている、というのだ（ハンス・マグヌス・エンツェンスベルガー『政治と犯罪』野村修訳、晶文社、一九六六年）。

ともあれ、存在そのものが言語以前のものであるのだから、殺害の禁止も言語の範疇を超えているもの、根拠だてられないものである。しかし、殺害の禁止ということを、わたしたちは現在、自明のもののように受け止めている。一方、食べる、ということにおいては、他者の殺害を完全には回避できない。殺してはならない、という禁止に従うことは、人間存在の根源なるものに求められないのである。

したがって、生きること、すなわち他者の殺害を潜在的に含有した食べることと、他者の殺害を禁じることの釣り合いをとる装置として、超越的なものによる絶対禁止というものが、有効になってくる。なにか超越的なもの、わたしたちの世界の外側にいる神が禁止しているのだ、と棚上げしてしまうことにより、理由付けの必要性を追いやってしまうのである。宗教の意義の一つは、まず、ここにあるのかもしれない。

たとえば、ユダヤ／イスラム／キリスト教に於いては、世界のなかにある存在者は、神によって創造されたことになっている。もっとも、ユダヤ／イスラム／キリスト教ばかりではなく、多くの宗教や神話は、世界には始原があると設定し、その始原には人間以外のもの、神格をもったものがかかわり、それが世界を開始させ、運動させていく、という神話をもっている。が、いうまでもなく、経典の神は、唯一至高の絶対者であって、比較するものがないので、相対化されることはなく、その言葉は絶対的なものとなる。

ユダヤ教ないしは旧約聖書の構造では、最初の罪は、被造物である人間が、絶対的超越的存在である神の禁止事項を破り、智慧の実を食して、知性すなわち言語の世界に踏み出て、自らを主体化していくことに据えられた（原罪―エデンの園追放）。その後、最初の殺害（カインによるアベルの殺害）が起こり、殺人者たるカインは、地上を彷徨うという罰を神から受けることになるが、人間の誰からも殺されてはならないことを神が保証した上で、その印をつけられたまま、生きること、生き続けること、を命じられる。

とはいえ、神が人間に与えた戒律となると、そう単純ではない。出エジプト記には、いわゆるモーセの十戒（二〇章）が記されているが、最初の四つは唯一至高の神への信仰に関する戒め、五番目は父母に対する尊敬であって、六番目にようやく殺害の禁止が出てくる。ところが、これに続いて、現在の刑法及び民法的な戒めと刑罰を記した契約の書では、死に値する罪というのが定義され、死刑を処せられることが、神によって定められている。

人を打って死なせた者は必ず死刑に処せられる。ただし、故意にではなく、偶然、彼の手に神が渡された場合は、わたし（神＝引用者）はあなたのために一つの場所を定める。彼はそこに逃れることができる。しかし、人が故意に隣人を殺そうとして暴力を振るうならば、あなたは彼をわたしの祭壇のもとからでも連れ出して、処刑することができる。

自分の父あるいは母を打つ者は、必ず死刑に処せられる。

人を誘拐する者は、彼を売った場合も、自分の手もとに置いていた場合も、必ず死刑に処せられる。

自分の父あるいは母を呪う者は、必ず死刑に処せられる。

（……）

人が自分の男奴隷あるいは女奴隷を棒で打ち、その場で死なせた場合は、必ず罰せられる。ただし、一両日でも生きていた場合は、罰せられない。それは自分の財産だからである。

（……）

牛が男あるいは女を突いて死なせた場合、その牛は必ず石で打ち殺されねばならない。また、その肉は食べてはならない。しかし、その牛の所有者に罪はない。ただし、もし、その牛に以前から突く癖があり、所有者に警告がなされていたのに、彼がその警告を守らず、男あるいは女を死なせた場合は、牛は石で打ち殺され、所有者もまた死刑に処せられる。

（……）

もし、盗人が壁に穴をあけて入るところを見つけられ、打たれて死んだ場合、殺した人に血を流した罪はない。しかし、太陽が昇っているならば、殺した人に血を流した責任がある。

（……）

女呪術師を生かしておいてはならない。

すべて獣と寝る者は必ず死刑に処せられる。

主（神＝引用者）ひとりのほか、神々に犠牲をささげる者は断ち滅ぼされる。

（出エジプト記21：12－22：19）

殺害を禁じながらも、大体においては反座法（同罪報復／タリオン）を基盤において、殺害をした人間を死刑という形で殺害することを定めているのである。すなわち、論理的にみて殺害者を処刑という形で殺害するのであるから、殺害は絶対禁止ではない。さらに、「父母を敬え」というのが殺害の禁止に先立って十戒の五番目に挙げられているように、尊属に対するものは殺害ではなく暴力、ひいては呪いでさえも死刑の対象となっており、完全な反座法ではなく、不平等性を有する。逆に、奴隷の場合は、暴力によってその場ですぐに死亡に至らせたのではなく、日を越えてしばらくの間生きていた場合は、殺害とはされない。これは奴隷制すなわち人が人を財産として所有することを認め、そして私有財産に対する所有者の処置として奴隷に対する暴力の正当性を、殺人の禁止よりも上に置いているのだから、不平等というよりも掟の内部に奴隷が入っていない、少なくとも完全には入っていないことを意味している。但し、自分の奴隷の目を打って失明させた場合、歯を折った場合は、奴隷を自由に去らせなければならないとしている。また、誘拐——人の自由を奪い拘束した場合も死刑であるとしている。このように、掟によって縛られる人間といっても無前提に平等ではなく、また、誘拐や獣姦のように同罪反復以上に厳しい処刑が決められているものもある。ともかくも、ここにおいて、禁止されているのは、行為である。逆に言うと、罪よりも犯罪、すなわち法＝掟を犯すことが問われているのである。

単純に構造化すると、ユダヤ教においては、ユダヤ選民ということから、すでに救済を約束されているので、信仰を持つか持たないかという主体は問われず、外部性を持たない。行為は問われるが、内面の罪、すなわち、「心の中で殺人を犯すこと」といった項は出現しない。端的に言って、殺害は絶対禁止ではない。したがって、死刑及び、敵を殺すことは禁止されていない。

キリスト教では、魂を固有のものとし、輪廻転生的な考えをとらない。つまり、魂は永続的なものであるが、存在の固有性および一回性が強調されると同時に、人間の特権性、優越性が確定されている。個的存在である人間は、存在そのものを創造できないので、すべて絶対的存在である神の領有であるとされる。つまり、原理的には、信仰の有無にかかわらず、被造物である人間は全て神の領有である。世界宣教ということを使命として持っていることから判る通り、神という至高のものを据えたとき、人間は普遍的なものとして考えられる。もちろん、これは原理であって、現実には、世界宣教の対象であるということで、キリスト教とは異なる他者の存在は否定されるわけであるし、啓蒙されるべきものと看做されることになる。これは、ヨーロッパが植民地支配に乗り出していったときに、その暴力の行使に宣教師が大きな役割を果たしていたことをみても判る。そしてまた、宣教というかたちで、異文化の人間に対する直接の暴力に加えて、異文化の否定及び殺害をしていった歴史をみればよい。

それはともかく、原理的には、他者に対する暴力は積極的に否定され、自分の身に受けた暴力に対して、反座法を行なうことは退けらる（「右の頰を打たれれば左の頰を出せ」マタイ5：38－42、ルカ6：29－30）。さらに、積極的に、敵を愛すること（マタイ5：43－48、ルカ6：27－36）が説かれているが、これはすなわち、他者に対する暴力の禁止がなされる、その他者というものの対象が、同族から、人類一般に敷衍されることになるのである。律法は廃止されるわけではないから（マタイ5：17－20）、実は、ここで反座法による死刑＝殺害の実行という矛盾が出てくることになる。この矛盾はしかし、キリスト教が、現実の処理（掟）としてよりもむしろ、内面の問題――すなわち、神との関係に於ける罪を重視していることから出て来る。最も重要な掟は、心を尽くし、精神を尽くし、思いを尽くし、力を尽くして、神である主を愛すということであり、第二は隣人を自分のように愛すことであって、律法全体と預言者はこの二つの掟を基礎においているとイエス・キリストはいうのである（マタイ22：37－40、マルコ12：28－34、ルカ10：25－28）。

キリスト教の原理は、受肉した無原罪のイエスの十字架による贖罪を信じることであるから、禁止の侵犯という、実際に行なわれる行為とともに、内面の罪、すなわち意志も、重要視されているのである。換言すると、言語の圏域に在る自由意志の問題、主体性とは何かという問題項というものがここに浮上することになる。

また、人が人を裁くことも退けられる。これは、人間そのものが罪を犯すものであって、罪を担っているものが罪を犯したものを裁けない、とされるのである。人間による復讐は退けられて、神にゆだねられる（ローマ12：19）。もちろん、「復讐はわたし（神＝引用者）のすること、わたしが報復する」というのは、旧約に於いても、〈復讐する神〉、〈わたし（主＝神）は復讐をする〉というフレーズがあり、新約は、これを踏まえている。しかし、新約の方は、絶対唯一の神の復讐自体よりも、人間が復讐することの禁止に力点がかけられている。復讐することを神に委ねる代わりに、ひとには他者に対する忍耐と赦しが求められる。それはしかし、敵対する他者に盲目的に服従することを意味するのではなく、剣の代わりに真理でもって闘え、とする。信仰と希望と愛の中で、愛を一番上に置き（コリントⅠ：１－13）、魂は固有のものであるが神の愛によって永遠のいのちが保証されているから、自己犠牲を厭《いと》わない（「友のために自分の命を捨てること、これ以上に大きな愛はない」ヨハネ15：13）。これは、全体主義的な思考にも容易にすり替わっていくが、このような枠組みで、ざっと他者に対する暴力は無前提に否定／禁止される。

唯一絶対の超越的存在を持たない仏教に於いては、生は、相互関係性の緊密な連鎖である因縁生起（十二縁起）の円環のなかにとらわれ、五蘊《ごうん》（色・受・想・行・識）が仮設されてできたものとしての人間が在る、とされており、人間の特権性、優越性が、なんら保証されているわけではない。したがって、戒律の筆頭におかれている不殺生戒は、厳密には、それを守ることは不可能ということになる。原理と仏教を信仰する地域の文化を単純に結びつけることは出来ないが、上座部仏教系が主流とはいえ、日本以外の多くの仏教国では肉食は禁じられていない。不殺生戒を積極的に守らなければならないのは出家であるが、肉食そのものを禁止されているというわけではなく、三種戒という形で、自分の手によって食べるものを殺害すること、及び自分のために殺害されたと判っている肉を食べることが禁止されているのである。

因みに、日本では、確かに天武天皇のときに殺生禁断令が出され（六七五年）、五畜（牛、馬、犬、猿、鶏）を禁食域に入れたが、食べられていたから禁食令が出たわけである。その後もたびたび獣肉の禁食令が出されているが、五畜を含め、獣肉はさまざまな階層、さまざまな場面にわたって事実として食されている。江戸期に於いては、たとえば松阪藩はすでに牛肉生産を特産として行ない、将軍家に味噌漬けを献上したりしている。日本人が明治期になるまで、仏教の影響で獣肉食を忌避していた、というのは錯誤である。確かに牧畜産業は発達しなかったが、これは、土地利用のエネルギー効率からその理由を求める方が妥当だろう。したがって、現実には、厳格な不殺生戒というのは、人間に対して適用されていると考えてよいだろう。

この場合にも、戒はあるとはいえ、現実世界を生きるためにやむなくの例外規定（捨戒《しゃかい》）が用意されている。インド古聖法のマヌー法典には、飢餓に瀕した際、人を殺害して食べても、自保の行為として罪とはしない。

もちろん、単純に言うことはできないが、イスラムやヒンドゥはそれぞれ異なった原理を持つものであるにしても、ともかく、世界宗教を初めとして、多くの宗教のもともとの根底にあるものは、存在に対する畏れを梃《てこ》としての、人間の人間に対する殺害の禁止装置であるというふうに考えてもよいのではないだろうか。(*-2)

繰り返すが、存在そのものが言語以前のもの、あるいは言語を超えたものであるから、殺してはならないことの理由が、言語で、つまり論理で語ることは出来ない。だから、たとえば、超越的なもの、神が禁止しているからだ、と反問を許されない絶対的禁止にしなければならないのである。

近代理性が、したがって、その殺害の禁止を論理で抑え込もうとするときに持ち出したのは、チェーザレ・ベッカリーアの罪刑法定主義のように、犯罪というのは法が禁止していることを犯すことだと同語反復的に定義する法＝言語（ロゴス）であり、それを超越的な神の代わりにしたのである。法は、根源的には、同語反復でしか自らを定義しない超越性を持っているといえる。

ではなぜ、法で殺害を禁じることができるのか。

それは、存在の根拠（あるいはその正当性）は言語の埒外にあるので、生命を財産権の一部として同様に考えたり、法的主体の根源と考えたり、ともかく、法言語の主語ないしは目的語である存在（人間）を否定することだから、法が成立しないという理由しかないのではなかろうか。だから、法の埒内では、個人による殺人が禁止されるけれど、法の実質上の発語者、というより根拠である国家による殺人は禁止されない。(＊-3) すなわち、戦争と死刑である。国家が私的な殺人を禁じるのは、塩や煙草のように殺人を独占したいからである（S・フロイト）、というのは、つまり、殺人という例外規定を国家に掌握させることにより、国家の超越性を保証するためである。

エンツェンスベルガーは、命令というものはすべて「執行を猶予された死刑判決」（エリアス・カネッティ）であって、間接的脅迫であり、潜在的にのみ存在しているものではあるが、このような拘束が歴史のなかで制度的に固定されたものが法として現象するという。そして、ハインリヒ・フォン・トライチュケを引きながら、自ら以外の地上のあらゆる権力からの完全な独立が国家の本質であり、国家の本性を判断する基準であって、なるほど確かにこういった意味での国家主権はかつて存在しなかったことは自明であるが、この理念からすれば国家があらゆる法秩序の彼方、上にあることは当然の帰結であるとする。したがって、論理的にみれば、国家主権と国際法とは互いに排除することになるし、国内に向かっては、つまり個々の敵対者との関係では死刑が、国外に向かっては、つまり他の諸国家との関係では戦争が、国家主権の最も純粋な表現となる。法秩序の上にたつ国家は、国家と法秩序の名に於いて、あるひとりを殺害させることを許されている以上、多くのひとをも、必要ならすべてのひとをも殺害することを許されており、かかる国家主権行為の執行を国民の義務とすることも許されている。

この議論は、法に例外規定を設けることができる権力こそが超越的存在の持つ権力であるということ、そして国家が死刑や戦争を行なう権限を掌握しているのは国家がなによりも法の執行すなわち死を命じる主体であり、主権であり、超越的存在であることを考えるときに役立つ。すなわち、国家が論理的にはなにものであるか、を考えるときに極めて有用である。

だが、こうした論理上国家が持つ本質的で、かつ究極的な暴力を曝露することには有効であっても、では、たとえば死刑に、戦争に、反対するのはそれが国家の暴力の発露であるから、というわけにはいかないだろう。

死刑や、戦争（この戦争という概念の定義は思考のフィールドに応じて幾つも設定できるし、難しいがそれはさておき）は近代国家という装置（なのか、本質的存在であるのかもさておき）をさし挟まなくても存在しうるし、そもそも現実に個別例として死刑の適用の可否が問われるとき、多くの場合それに先立って殺人ということが行なわれているのだから、殺人をどう処理するかということを議論しなければ死刑のことを論じるのは偏頗《へんぱ》というものである。

換言すれば、死刑に反対なのはそれが国家の暴力であるからという理由に基づくものではなく、なにであれひとを殺してはならないという禁止に対して侵犯が起こってしまった場合、その行為者を殺すことは禁止の矛盾になるからだ、ということでなければならないはずである。つまり、殺人は、決して「なぜだ」というその理由が問われることがなく、また例外規定のない、絶対禁止にしておくべきことが重要なのである。そこから、始めねばならない。

絶対禁止であっても、現実には、どのようなことでも起こりうる。したがって、法ということを考えた場合、わたしたちのなし得ることは禁止を実践するために禁止権力を強化することではなく、絶対禁止を設定した上で、起こってしまったことをどう処理するか、という程度のことだろう。つまり、絶対禁止というのは、理念であって、理念は現実上の装置そのものではない。禁止そのものが暴力装置と手を取り合うものであってはならない。したがって、絶対禁止といっても、潜在的に殺人の可能性を内包してしまう抵抗権を禁止するわけではない。

というのも、現実上、わたしたちは国家というものをとりあえず容認し、そのなかで動いているのであるが、国家は超越的存在にはなり得ないからである。国家というものは必然的に境界を持ち、内部と外部を切断する。すなわち、〈われわれ〉と〈われわれでないもの〉を設定し、しかも、〈われわれでないもの〉を絶えず生産することによって〈われわれ〉を〈われわれ〉たらしめ、確信づけるものである。国家が超越的存在としてふるまえるのは、この境界の内部、すなわち〈われわれ〉に対してであって、そのために、国家は〈われわれ〉とはなにであるかを定義づけるのである。そうした制限を持つものは、言語そのものの純粋な意味に於いて、超越的であるはずがない。

それゆえに、すなわち、超越的存在ではなく原理上は〈われわれ〉の内部にしか働かないもの、しかも〈われわれ〉を定義づけ〈われわれ〉たらしめることによって、〈われわれ〉から逃れる自由を剝奪し、〈われわれでないもの〉と潜在的な敵対ないしは外部への排除を強制するものに、殺害の絶対禁止、すなわちほかならぬこの〈わたし〉の生存、を無前提に預けるわけにはいかないのである。

〈われわれ〉から逃れる自由。

逃れて得られる自由。

だが、〈われわれ〉が法によって定義されているならば、〈われわれ〉から逃れるということは、究極的には法の埒外におかれる、ということでもある。

vogelfrei.

鳥（Vogel）のように、自由（frei）に。

vogelfreiとは、けれども、法の保護を奪われた状態、法益を剝奪された状態を指し示す。法の埒外に追いやられる、ということは、どこにも居場所を持たない、所在なく、宙ぶらりんの、彷徨うもの、つねに追放されるもの、を意味する。

しかし——埒外に放擲されても、物質としてのひとは、場所を占める。存在する場所を。

現代の生活においては、多くの場合、なるほど、カネが法にとって代わるだろう。いや、むしろ、カネの方が超越的存在、それ自体は意味を問い返されずそれが意味を決定していく第三項として、ひとも含めて有用性と価値を決定していくものとして、この世界ではふるまっているかもしれない。そして、カネがなければ、ほとんど生きていくことはできない。わたしたちは、もはやモノにはりついて、生きてはいない。モノとわたしの間には、カネがさし挟まっている。無法者であっても、カネの世界から逃れることの方が難しいのである。

そうなのだ、問われなければならぬのは、なぜひとを殺してはいけないのか、ではなく、生存すること、ほかならぬこの〈わたし〉が、おそらく〈わたし〉とは別のほかならぬこの〈わたし〉で構成された世界のなかに場所を占めること、存在の確保である。

＊

ほかならぬこの〈わたし〉が生きる場所を確保すること、それを取り急ぎ生存権と呼ぶならば、その生存権はなによりも優先するもの、すべての根底にあるもの、絶対的なもの、とされなければならない。しかし、それを、たとえば国家というもので漉《こ》して思考するなら、直ちにほかならぬこの〈わたし〉性というものは失われ、一般の中に融解してしまう。その一般とは、国民であったり、自然人であったりする。というのは、繰り返すが国家‐法は、外部性を持ち、定義するものであるからである。

では、生存権の主体を自然人、すなわち人間一般とするならば、普遍性を持ちうるか。いや、たとえば、受精卵はいつから人間となるのか、という厄介な問題が浮上する。また、生殖技術が発達していくと、臓器移植時の免疫問題をクリアするために自己複製人間、しかも無頭人間の培養も可能性としてはあるだろう。そうすれば、それは人間なのか。人間は意識があるから人間たる特異性を持つとすれば、意識を持たない人間はどうなのか。逆に、優れたSF作家たちが時折実験的にテーマにするように、人間以外で意識を持った生物や機械を殺害することは、とりあえず犯罪 crime ではないとしても、罪 sinn ではないのか。

生存の場所の確保、ということを考えるために、殺害の禁止を設定するとすれば、人間普遍ではなく、あるいはなにかの基準で定義される人間というものではなく、生命体としての〈わたし〉の生存というところに戻ってみるという方法がある。この生命体としての〈わたし〉の生存というところまで降り立つと、食べる、ことで為される生命の交換‐交流、すなわち〈わたし〉の他の生命との関係性を考えざるを得ない。そうすると、むしろ、食べる、ということをフィールドにして殺害ということを思考すれば、混乱と困惑とどうしようもなさの密林に踏み迷ってしまう。

ジャック・デリダは、エリザベート・ルディネスコとの対話で、「動物性-の-問い」は「人間の固有性」を囲みつつ明確にするあらゆる概念、すなわち、人間性の本質と将来、倫理、政治、法権利、「人権」、「人道に対する罪（＝人間性に対する犯罪）」「ジェノサイド」といった概念をも規定する境界を表している、という（J・デリダ／E・ルディネスコ『来るべき世界のために』藤本一勇・金澤忠信訳、岩波書店、二〇〇三年）。つまり、動物たちへの暴力ということを考えれば、通常、普遍的な法とか、権利とかいったものが、実は、言語で定義された境界域をもっており、自ずから〈われわれ〉性の特権、特権の行使による無意識の暴力性というものを露呈させる、ということであろう。

そしてまた、動物というフィルターを設定した時、たとえば、残酷というものがなにか、ということも問い直されてくるのだ。前述のエンツェンスベルガーも、「ガラスケースのまえでの考察」で、例の一「動物愛護」としていくつかの文章を羅列し対比させてそこから浮かび上がって来る、残酷を無前提に云う場合のグロテスクな滑稽さを提示している。つまり。

生魚その他の冷血動物の屠殺および貯蔵にかんする条例。一九三六年一月一四日施行。

「第二条（一）カニ・エビその他の甲殻動物であって、その肉が人間の食用に供せられるものを殺すときは、熱湯に、なるべくひとつずつ投げこまなくてはならぬ。これらの動物を冷水あるいは温水に入れてから加熱することは、これを禁止する」

テレタイプ、ベルリン発二三四四〇四号。一九三八年一一月九日。すべての国家警察署および国家警察本部あて。「三、国内のユダヤ人約二万ないし三万の逮捕を準備せよ。(……)」

野生の植物、および狩猟対象外の動物の保護のための条例。一九三六年三月一八日施行。飼い主が不明で放任されている猫を、傷つけずに捕捉して保護することに関する条項。理性的で正当な目的もなく、それらの動物を大量に捕獲し、または大量に殺害することの禁止。

テレタイプ、ワルシャワ発六六三/四三号。一九四三年五月二四日。東部戦線のSSおよび警察幹部部あて。

「注一、ユダヤ人の被逮捕者総計五六〇六五のうち、約七〇〇〇は、もとユダヤ人居住区における大作戦の遂行中に抹殺ずみ。TⅡへの輸送中に六九二九が抹殺された結果、あわせて一三九二九のユダヤ人が抹殺ずみ(……)」。(以上、要約抜粋)

……エトセトラ、エトセトラ。

ナチス・ドイツの例をひかなくても、わたしたちは、このようなグロテスクな滑稽さ、を現在もいたるところでみることが出来る。さらに、ある種の動物を大量殺害することは平気だが、ある種の動物を殺害することには異様に残酷さを言い立てるという無数の例も、付け加えられるだろう。そのグロテスクな滑稽さとは、人間を大量殺害することには平気であるが、動物に対する愛護の精神を失わないグロテスクさではなく、生命体に言語でもって境界域をつけ、すなわち、恣意的にその都度つける有用性や優劣や美醜やそういった価値の基準をそのなかに流し込んで眺めていることにある。一言で云えば、存在するものへの侮辱、ということに気がつかないことだ。ほかならぬこの〈わたし〉が生きる場所を確保すること、と、生存権の確保は、議論のフィールドがまるで違う。言い換えれば、殺害の禁止と、ほかならぬこの〈わたし〉が殺すか、ということは、位相が違うのだ。

J・M・クッツェーのトリッキーな問いかけに満ちた『動物のいのち』のリフレクションで、バーバラ・スマッツは、自分の研究対象であるヒヒたちとのかかわりや飼い犬サフィとの交流を書くことによって、存在するものへのひとつの眼差しの位置を示している。

> （……）もし彼らが個性あるものとして私たちとかかわり、私たちも個性《個々の存在》あるものとして彼らとかかわるなら、彼らと私たちとが個性的な関係をもつことは可能である。もし、そのどちらかが他方の社会的な主体性を認めなければ、そのような関係は阻害されてしまう。したがって、通常、「個性的存在性」とは私たちが自分以外の存在のなかに「発見」できたり、できなかったりする、大切な特質だと考えられているけれども、ここでの考え方によれば、「個性的存在性」とは他者とのかかわりの仕方を意味しているということになる。だから、勝手に、これには「個性的存在性」があるとかないとかとは言えないということだ。言い換えれば、ある人間

が、ヒトではないけれども個性をもった動物を、一個の主体として見ずに、たんなる無名の対象物としてしか関係しないとすれば、その動物のほうではなく、ほかならぬ人間の側こそが、「個性的存在性」を喪失しているのである。

（J・M・クッツェー『動物のいのち』森祐希子・尾関周二訳、大月書店、二〇〇三年）

動物たちと暮らしたことのあるひとの多くは、スマッツのかかわり方を至極当然に受け取るであろうし、個物としてのかれらが豊かな個性をもち、それればかりか、それがたとえ人間には理解しがたいこともあったとしても、豊かな感情——そうとしか表現できないものをもっているということを当たり前に感じている。もちろん、メダカや、トンボや、線条虫や、バクテリアや、そういったものが、そうした個別性をもってるか、どうか、といったことはわからないし、科学的に妥当であるかどうかということを問題にしているのではない。ほかならぬこの〈わたし〉が、〈そのもの〉を、どう視るかということなのである。そして、どんなものでもいい、さまざまな生命体に関することを、そのいわゆる生態を知れば知るほど、それらは、生きている世界のなかで生きるためにかたちを変え、生きる仕方を変えながらも、言語を越えたそれそのものの存在自体が至高のもの、として在る、そして死んでいく、消滅してしまう、ということに思いを馳せるだろう。

〈そのもの〉を、わたしとの関係において個性的存在性をもつものとして受け止めたとき、わたしは、わたし自身の、ほかならぬこの〈わたし〉性に気づくだろう。そして、〈そのもの〉がほかならぬ〈このもの〉となったとき、わたしは、なにかいい知れぬ、存在の畏れのようなものをふっと身体の奥に感じたような気がする。それは、〈そのもの〉に生存権があるかどうか、ということとは関係がない。

あるいは、わたしはある選択として〈そのもの〉の生存を奪うことになるかもしれないが、もはや、〈このもの〉は二度と再び存在することはない、という事実に気づいたとき、身体が疼《うず》く。この疼きは、ほかならぬこの〈わたし〉の生きている場所にもはや埋め合わすことの出来ない欠如が生じたことによるのかもしれない。身体が記憶している無数の疼きに、苛《さいな》まれること。そうして、わたしが生きていくこと。倫理は、ここから始めなければならぬ。

*

わたしたち人類というものが現れてから現在（約七〇億人）まで、この世界にかつて存在した、そしていま存在するひとびとの総計は、約百億人だといわれる。二〇世紀初頭の人口は約二〇数億人。二〇世紀は、テクノロジーの発達及び制度的な基盤整備による、食料確保、医療による延命などに飛躍的な条件向上もあり、過去数万年の人類史における人口総計を上回る人間をわずか百年で産み出してきたことになる。一方、二〇世紀は、破壊と殺害の世紀でもあり、やはりテクノロジーの発達により可能となった総動員思想に基づく二度の世界戦争及び地域戦争、紛争などで死亡した人は一億数千万人から二億人とされ、環境破壊及び動植物の絶滅種、絶滅危惧種がかつてなく増加した世紀であった。

たとえ統計的にのっぺらぼうの数の中に埋葬されようと、この〈わたし〉という現象は、この世界に二度とふたたび、あらわれない。〈わたし〉という存在は、地球において四六億年の時間のなかで、ただ一回しかあらわれない。

その〈わたし〉は、一度として途切れたことのない、生命の連続の中で、無数の物質が出会い、衝突し、運動している現象として、いま、ここに浮かび上がってきたものであり、〈わたし〉の身体の奥底には、かつて在ったものたちの無数の声が響いているのだ――この世界、この無数の〈わたし〉たちから成るこの世界に、在りたい、生きたい、という声の群れが。

生命体は、地球にふっと初めて出現したその始原から、在ること、生きること、という希求に衝き動かされ、在り方の仕組みを変化させ、形態を変化させ、運動してきた。そして、在る、ためには、無数の存在形態を持つ、無数の他者が在る世界とのかかわりがなくてはならなかった。その流れのなかの、いま、ここに、〈わたし〉がいる。

生きる場所（oikos）に働く論理（logos）――それは、固有性を持った存在が、多様な他者とともに関係性の連関のなかで、生きること、である。エコロジー（Ökologie）とは、生きること、だ。

生命体は、この論理に依って、動いている。
猫は歴史を持たない。言語を持たない猫は、世界のなかで、いま、ここに在る世界にはりついて、生を運動する。だが、言語を持ち、言語によって思考し、言語によってしか生きていけない、われわれ人間は、もはや、この論理が内在する世界にぴったりとはりついて、生きてはいないのだ。

言語以前の存在としての〈わたし〉ではなく、その都度、ひとは、おとこ／おんなと名づけられ、国民と名づけられ、民族で呼ばれ、正規／非正規労働者として、無産者として、野宿者として、命名された分類箱に投入され、扱われる。〈わたし〉の身体には、その都度のいくつもの線引きで切り刻まれた傷がつき、他の〈わたし〉と隔てられ、〈われわれ〉と〈かれら〉ないしは〈われわれではないもの（潜在的な敵）〉とに分断され、線の狭間に在るものの存在は視えなくされ、そうした線引きが有効に機能するところの論理でもって、生きることを強いられ、他者への暴力、他者の殺害、他者の無視（無視とは、外部に追いやることであり、間接的な殺害である）があたかも、自己の生存には必要であるかのような場所に赴かされ、その場所に相応しく振る舞う。

だからこそ、言葉でもって、執拗に語らねばならないのだ、生命体の生きる場所に働く論理を。
言語を持ったわれわれは、歴史を持つ——すなわち過去を振り返り、傷みを感じつつ検証することが出来るということでもある。わたしたちは死すべきものであるのだから、生は他者の死との連関の中で繋がれるものだから、だからなのだ、根源的な殺害の禁止は、絶対的なものであり、つまり他者の殺害ばかりではなく、自己の殺害の禁止をも含むものなのだ。

戦争に反対するのは、他者を殺害し、自己を殺害の対象におくことを強要されるからだ。「海行かば」では「大君の辺にこそ死なめ、顧みはせじ」と歌われるが、死者を顧みないのは、殺し殺されることを命じる国家である。死刑に反対するのは、国家が殺人を執行するという矛盾からでもあるが、罪を犯した者が振り返り、悔いる機会を奪うからでもある。貧困を問題とするのは、それが構造的暴力であり、緩慢で静かな虐殺だからである。それは、ほかならぬこの〈わたし〉たちが生きる世界のことなのである。

生きるとは、ともに在ることであり、倫理とは、生きようとする意志のことだ。……言葉でもって、生きる場所の論理を語ること。

確かに、それは、どれほどの試みを積み重ねても、失敗しつづけるだろう。だが、言語によって、われわれは歴史をもったとともに、未来というものをわれわれの思考の中に導き入れたのだ、未来、希望というものを。

どこまでも乾燥した不毛の砂漠を、雨雲を目指して駝鳥は、走り続ける。

雨雲のあるところでは、いずれ雨が降り、地中から植物が芽吹き、成長し、生殖し、枯れていくだろう。

それはわずか一週間の饗宴だ。
その饗宴を夢見つつ、雨雲めがけて、砂漠を走る。

＊-1　もともと生息域が狭かったこともあるが、現在急激に絶滅の危機に瀕しているのは、森林伐採、食用や売買目的の密猟に因るものである。
＊-2　もちろん、個々の宗教及び宗教儀礼をみていくと、そう単純ではないし、超越的存在のうちにある「人間」というのも普遍概念というわけではない。また、宗教の原理、ないしは教義とそれが実際にどう機能するか、動くかは別であって、たとえば、カトリックで供儀と死刑を摺り合わせて、法による殺人を認める論を立てるものもいる。ジャック・デリダ、エリザベート・ルディネスコ『来たるべき世界のために』藤本一勇・金澤忠信訳、岩波書店、二〇〇三年など参照のこと。
＊-3　ベッカリーアは、社会契約論の見地から、人間は自己の生命を自由に処分する権能を持たないので、社会契約の中に自身の死に対する同意は含まれないということ、抑止効果への疑問、残虐性の面から、死刑及び拷問は廃止されるべきものとしている。しかし、犯罪の抑止効果という点で、死刑の代わりに（より残虐であるかもしれない）終身懲役の優位を説いている。

※本章のタイトルは、コードウェイナー・スミスの短編小説「星の海に魂の帆をかけた女」より。

月光陽光、なんて力づよく——あとがきに代えて

「同世代か、それより若い友人や知り合いで、死んじゃったの、どのくらいいる？　知ってるだけじゃなくて、ちゃんとつきあってた人じゃないとだめだよ。」

あれは、何年前のことだったろう。敬愛する森田雄三さんから、唐突に、訊かれたのは。あのとき、咄嗟に答えたのは、八人だったか、九人だったか。

予想外の返事だったようで、「君の歳にしては多いね」と、森田さんは言われたように思う。そして、そこにいる何人かに、それは森田オフィスのスタッフで一〇代か二〇代の若いひとたちだったのだが、同じ質問をして、いないとか、せいぜいがひとりという答えばかりが続くと、死ぬのは年寄りばっかりだと思ってるだろう、と少し満足げに笑われた。どうしてそんな話になったのか、というと、それまでも何回か大きな病気で生命の危機に瀕しながらその都度乗り越えてきた森田さんが、そのときは骨肉腫のために片足を切断したばかりで、なにかに向き合っておられたからかもしれない。「どうせ、おまえたちは俺が死んでも、すぐに忘れるんだから」と、わざと拗ねたように、からかうように、けれど、屈託のない笑顔で、身体を揺すらせたのだから。

それから、ふとしたときに、死んでしまった友人たちの数を数えてしまうようになった。情けないことに、一一人であったり、一三人であったり、想い出すたびに少しずつ異なって、もちろん同世代よりも上のひとを入れるならばもっと増えるわけだけれども、ともかく、あのとき想い出し損なった友人をいま想い出したとしたら、とてもすまないことをしたような気になったりする。そして、いま想い出し損ねているなにか大切なものがあるように、落ち着かない気持ちになる。友人たちは、病気であったり、事故であったり、自分でけりを付けて畳んでしまったり、ずりずりと引きずられるようにであったりして、逝ってしまった。いつも、なにかできたかもしれなかったことよりも、一瞬早い。それはないだろう、と思う。

未来社で編集者をやっておられた小柳暁子さんが、尊敬すべき友人のひとりである田崎英明さんを通して、『未来』に連載をしてみないか、と声をかけて下さった。「Sein und Essen」と称して書き連ねたことは、死んでいった友人たちに、そして、いまこのとき、圧し潰されそうになって窒息しかかっている友人たちに（それは、未だ出会っていない人であるかもしれないが）、なにか語りたかったことであるかもしれない。このような機会を与え、最初の聴き取り手としていつも励まして下さった小柳さんに、心から感謝する。

森田雄三さんとは、もちろん、天才的な表現者イッセー尾形さんとともに、ひとり芝居を作り続けている演出家だ。このお二人と、プロデューサーの森田清子さんには、ここに書き尽くすことは到底出来ないが、さまざまなことを、とりわけ、生きる姿勢の取り方というものを教えていただいた。本質などはないのだ、わたしたちは、世界のなかで他者の眼差しに支えられ、その都度たち現れる現象として、いまこのときを生きている――そうしたことも、学んだと思うのだが、それは違うよ、わかっちゃいないんだな、と叱られそうな気もする。

それにしても、思考する、というのは、なんと孤独で、侘しい作業だろうか。

だが、「孤独ではあっても、孤立しているわけではない」というイッセーさんのことばが、耳の奥から響いてくる。舞台の上で、ひとり芝居をするのはどれほど不安で恐ろしいことだろう。イッセーさんは、しかし、森田さんをはじめ、身体に刻まれている他者のざわめき、というのを感じ、うけとめ、なにもない空虚な舞台に、他者の無数の声を交差させているのだ。舞台は、人生に似ている。

生きることは恐い。恐いけれども、怖れる必要もないのだということ、世界は不思議に満ちていて、辛いことも愉しむ技術を身につけること、それをしっかりと示してくれたのは、脚本家の木皿泉ご夫妻である。このお二人にも、どれだけ感謝してもしきれないくらいの贈り物を受け取っている。わたしの同居者であり、よき慰めとなってくれている相棒の綱吉（猫）の名前とエピソードが、木皿泉さんの手によって、向田邦子賞受賞テレビドラマ『すいか』で素晴らしい話となって描かれたことは、数少ないわたしの自慢である。

思考すること、には、もちろんのことたくさんの友人たちに、そのことばに、存在に、支えられている。ひとりひとりお名前を挙げていくべきだろうが、数えていくのは苦手だ。感謝の半減期は短い、らしい。そうならないよう、現実の生活において負債を返したいと願う。

「Sein und Essen」を本というかたちにして下さり、そしてまた、なにかを書いては心細く不安に怯えているわたしを暖かく支えて下さったのは、人文書院の松岡隆浩さんである。本書があるのは、なにもかも松岡さんの御陰である。深い感謝を。

書くときは、訳知りぶった余計者の顔など想像せずに、初夏や夏の縁側でだれかが読んでくれればいい訳で、あるいは猫の寝床になるとか、といってくれたのは、丹生谷貴志兄である。ありがとう。

あとがきのタイトルは、ハイロウズの「月光陽光」の一節である。どういうわけか、本書をまとめている数週間、ソロを含めて真島昌利／甲本ヒロトのCD二〇数枚（と、グールドのバッハ、そしてグレッキ）だけを聴いていた。かれらの、詞と曲がきりはなせない、まさに歌は、実は、もはや人生に期待しなくなってしまった大人にとっても、生きる場所の確保を支えてくれる。その場限りではない、そうした使い回しのできる勁いことばを、もてたらいいなあ、と思う。わたしは、あなたに出会い、苦痛に満ちているかもしれないが、この世界で生きることをともに愉しみたいからだ。

よく晴れた夏の朝、朝露に混じって噎せ返るような草の匂い。鳥や虫たちの歌、いのちの迸り。永遠にも似た始まり。あなたに、出会えることを夢みて。

雑賀恵子

初出一覧（本書収録にあたり大幅に改稿を施した）

1 最初の食欲（「未来」二〇〇五年六月）
2 遙か故郷を離れて（「未来」二〇〇五年八月）
3 草の上の昼食（「未来」二〇〇五年一二月）
4 パニス・アンジェリクス（「未来」二〇〇六年二月）
5 ふるさとに似た場所（日本アジア・アフリカ作家会議『季刊ａａｌａ』九八号、一九九五年、改題）
6 嘔吐（「未来」二〇〇六年六月）
7 舌の戦き（「未来」二〇〇六年九月）
8 骸骨たちの食卓（「未来」二〇〇六年一一月）
9 ざわめきの静寂（「未来」二〇〇七年二月）
10 星の海に魂の帆をかけて（「未来」二〇〇七年五月）

著者略歴

雑賀恵子（さいが・けいこ）

京都薬科大学、京都大学文学部を経て、京都大学大学院農学研究科博士課程修了。現在、大阪産業大学他非常勤講師。農学原論、社会史、社会思想史。

著書 『空腹について』（青土社、2008年）、『快楽の効用』（ちくま新書、2010年）

主な論文など

「食べる…『肉』についてわたしが知っている二、三の事柄」『叢書 政治の発見１　生きる　間で生まれる生』風行社、2010年

「女－身体（アリーナ）になる　エコフェミニズムの稜線」（1998年５月）、「遅延と運動」（1998年７月）、「物質と主体」（1998年10月）、以上『現代思想』

「哀しみを背負うものたち　等価交換の不／可能性」（2010年12月）、「水はおぼろでひかりは惑ひ」（2011年７月）、「甘いものの叛乱をめぐって」（2011年９月）、「Too late to die！」（2012年２月）、以上『ユリイカ』

「有用な身体への配慮を巡って　1930年代新生活運動を中心に」（６号、1993年）、「仮託されるべき身体としての「郷土」　農民文芸会結成前後の評論を巡って」（８号、1995年）、「エコノミーからエコ・ノモスへ　グローバリゼーション、ジェンダー、そして不法滞在」（14号、2001年）、「男たちの〈物語〉、もしくは〈物語〉を欲望すること」（15号、2002年）、以上『寄せ場』（日本寄せ場学会）

「映画的メモランダム」2007年７月～９月号（１、帝国の破片　２、数に溺れて　３、燻る情炎）、『未来』

ISBN978-4-409-04094-2 C1010

エコ・ロゴス―存在と食について

二〇〇八年一〇月一〇日　初版第一刷発行
二〇二〇年　三月二〇日　初版第五刷発行

著者　雑賀恵子
発行者　渡辺博史
発行所　人文書院
〒六一二-八四四七
京都市伏見区竹田西内畑町九
電話〇七五・六〇三・一三四四
振替〇一〇〇〇-八-一一〇三

印刷　創栄図書印刷株式会社
製本　坂井製本所
装丁　間村俊一

落丁・乱丁本は送料小社負担にてお取替いたします

http://www.jimbunshoin.co.jp/